博士漂流時代
「余った博士」はどうなるか?

榎木英介
科学・技術政策ウォッチャー/博士(医学)

Dist Cover Science 005

はじめに

行政刷新会議「事業仕分け」の衝撃

時は2009年11月13日。所は東京都新宿区市谷独立行政法人国立印刷局市ヶ谷センター。衝撃の発言が飛び出した。

「ポスドクの生活保護のような制度はやめるべきだ。」

「実社会から逃避して、大学に留まる人をいたずらに増やしてしまう。」

この発言が飛び出したのは、無駄な予算を見直す「事業仕分け」の議論の中。「事業仕分け」と言えば、蓮舫参議院議員の「2位ではだめなんですか」の発言で有名になったスーパーコンピュータが目立ったが、文部科学省の若手研究者育成事業も対象になっていた。中でも「特別研究員制度」がやり玉に挙がり、冒頭のような発言が出たのだ。

「特別研究員制度」とは、優秀な大学院生や、ポスドク（ポストドクター）と呼ばれる博士号を持った科学者に、研究費とともに生活費相当のお金を与えるという制度だ。アルバイトしなくても研究に専念できるように、贅沢はできないものの暮らしていけるだけのお金がもらえる。

採択率は申請者の2割程度。将来科学者として有望な人たちに与えられる名誉ある制度だ。実際、追跡調査では、特別研究員制度に採用された者は、その後大学の教授など科学者として成功する確率が高いことが明らかになっている。

私もこの制度に応募したものの、残念ながら落選したことがある。そんな私からしたら、あこがれの制度なのだ。

そんなエリート向けの制度が生活保護とは……実社会からの逃避とは……いったいどういうことなのか。「仕分け」の結果は「予算の縮減」。この事業がいらないとさえ言った「仕分け人」もいた。

衝撃を与えたのは、特別研究員制度の「仕分け」だけではない。博士課程の大学院生やポスドクに生活費を援助することの多い「グローバルCOE」も縮減となった。

あまりの衝撃に科学者や学生たちが騒然となった。ｔｗｉｔｔｅｒには嘆きの声が殺到した。ある大学院生は「自分が否定されている」と天を仰いだ。ある者は日本で大学院に行くことはあきらめると言い、ある者は科学者になること自体をあきらめると言った。

東京大学理学部物理学科の学生が行ったアンケート調査によれば、事業仕分けによって特別研究員制度が廃止された場合、大学などの公的機関の研究者になることを希望している学生の4割弱が、研究者になることをあきらめると回答した。

幸いにも２０１０年度の予算案では、特別研究員制度の予算は前年度より増額となり、見かけ上は大きな影響はなかったと言えるが、科学者予備軍である学生たちの心には、大きな傷を与えたのだ。

博士になろうとすること、博士になったことが生活保護の対象になるなんて……いつから博士はこんなになってしまったのだろう……

輝いていた博士

「末は博士か大臣か」……こんな言葉をご存じの方も多いだろう。明治、大正時代、博士になることは大変難しく、また希少であったために、博士は人々の敬意の対象だった。もともとは「末は博士か大将か」と言ったらしいが、いずれにせよ、博士は大臣や大将と並んで、社会的地位が高かったのだ。

大臣や政治家の価値が下がり、さすがにいまどき、この言葉を額面通りに受け取る人はいないと思うが、それでもほんの少し前まで博士は輝いていた。アインシュタイン、湯川秀樹、「鉄腕アトム」のお茶の水博士……普通の人とちょっと違うが、とてつもない知識と知恵を持ち、未知なものを発見する素晴らしい人。人々は博士をそのようにみていた。

博士がまだ輝いているように見える2008年、ノーベル賞に日本人、日系人の4人が選ばれたのは記憶に新しい。この2年後、2010年にも、ノーベル化学賞に日本人2人が選ばれた。もちろん全員博士だ。

２０１０年までに日本は17人のノーベル賞受賞者を輩出した。そのうち、自然科学の３賞（物理学賞、化学賞、医学生理学賞）では14人だ。アメリカは２００９年までに３０５人（自然科学３賞は２３２人）、イギリスは１０６人（同75人）の受賞者がおり、それに比べれば見劣りするが、それでも欧米諸国以外ではトップだ。日本人の自然科学３賞受賞者のうち、田中耕一さん以外は全員博士だった。

スター博士も登場した。山中伸弥博士（京都大学教授）はｉＰＳ細胞を作り出し、再生医療で世界をリードする研究をしている。山中博士の謙虚な人柄や研究に対する姿勢は、多くのファンを生み出している。

また、２００９年には、スタンフォード大学で工学の博士号を取得した鳩山由紀夫氏が首相になった。この国のトップが博士になったのだ。

第一日本生命が毎年こどもの日に発表している「おとなになったらなりたいもの」アンケートでは、毎年「学者・博士」が上位にランクインしている。２００２年には堂々首位に立ち、その後も上位をキープし続けている。

今だって、知識がたくさんある人を「博士」と呼ぶように、博士にはまだまだポジティブなイメージがあるのだ。

暴落する博士の価値

しかし、冒頭に書いたとおり、今や博士になることが生活保護と言われるほど、博士の価値は暴落した。首相（前の）が博士の国なのに、博士がいらないと言われる皮肉。いったい何が起こったのだろう。

暴落の原因は、博士の数が増えすぎたことだ。文部科学省によれば、１９６５年には、博士号授与者は全分野合わせて３９１１人だったが、１９９０年には1万６９３人になった。その後も増え続け、２００８年には1万７９４５人に達している。

理工系では、博士号を取得した者の15％（理学系、農学系では30％）はポスドクになる。ポスドクは、大学や公的研究機関で研究の主体を担う重要な戦力とみなされ、今やポスドクなしでは科学・技術の研究は成り立たない。現在ポスドクは公式には1万６０００人おり、一説には統計に出ないポスドクを合わせると2万人以上いると言われている。

博士が増えて、様々な分野で活躍することは、日本の科学・技術にとってよいことではないか。そう思うのも当然だ。しかし、博士の活躍の場は広がっていない。

ポスドクから大学や研究機関の常勤科学者になれるのはわずかだ。少子化などもあり、大学の教員数は増えていないのだ。たった1つのポストに100人から多いときで300人もの応募があるのはもはやまれではない。また、たとえ教員になったとしても、数年の任期が付いているのが普通で、任期が終わったあと、常勤の研究員になれる可能性は低いのが現状だ。結局のところ、短期雇用で使えるときだけ使って、いらなくなったら使い捨てるという構造なのだ。


だったら民間企業に行けばいいじゃないか……しかし、博士を雇う企業は限られている。民間企業で博士号を持った研究開発者は4%に過ぎない。民間企業では、自分の会社の社員に、大学院に通わなくても取得できる論文博士号を取らせるケースが多く、大学院の課程で博士号を取得した者を雇うのは、これより少ない。

民間企業が博士を雇わないのは、「長期的視野での探索的基礎研究や自分の専門分野へのこだわりが強すぎる」「研究観の修正に手間がかかり即戦力として使えない」といった博士の資質に問題があることが理由として挙げられることが多い。

それならば、ずっとポスドクをやっていればいいのではないか、という意見もあるかもしれないが、ポスドクには年齢制限があり、35歳を超えるとたんに募集が少なくなる。35歳と言えば、民間企業でも転職の限界と言われる年齢だ。気づいたらどこにも行き先がなく路頭に迷うポスドクが増えている。

博士は無能の証明？

自民党政権時代に行われた「事業棚卸し」（事業仕分けの自民党版）では、博士号取得者が様々な職業に就くことを推進するという「キャリアパス多様化推進事業」がやり玉に挙がった。結論はこの事業は「不要」。議論の中でこんなことが言われた。

「課題設定能力の無いポスドクが他の民間企業に採用されても使えないのではないか。採用した企業の方が不幸。」

「問題解決能力のない人間に対する支援策を、血税を使ってやる意味なし。即刻中止。」

「専門分野の知識を持っているが課題設定能力や社会常識が低い人のための、進路選択を支援する制度であるが、自己責任で処理すべきことであり、国が支援することではない。」

あまりに散々な言われようだ。これでもか、これでもか、というくらい無能だと言われている。これでは博士号は無能の証明書ではないか。

世間の目も冷ややかだ。自分で選んだ道なのだから仕方ない、という声が多い。私自身、「博士号を取得するほど優秀な人が、どうして自分で就職先を見つけられないのか」という厳しい声を何度も聞いた。スポーツや芸術だって成功する人はごく一握り。それを分かって博士になったのだから、いまさら職がないと言って甘えるな、という声だ。

こんな状況に、「高学歴ワーキングプア」という言葉も飛び出した。発端は2007年に発売された水月昭道氏の『高学歴ワーキングプア「フリーター生産工場」としての大学院』（光文社新書）だ。博士になっても安い給料で働き続ける人たちの様子を世に知らしめ、衝撃を与えた。

また、「余剰博士」という言葉も語られるようになった。これは、読売新聞で2004年ごろに使われ始めた言葉だ。これも博士になっても職がない、という状況を表す言葉だ。博士号は昔から「足の裏の米粒」と言われていた。取らなくても気持ち悪いが、取っても食えない、という意味だ。博士がなかなか道を見つけられなかったのは、実は昔からだったのだけれど、今はもはや取っても食えない、ではない、取ったら食えないのだ。

博士が減りつつある

こんな状況を見ている若い世代は、博士になることをあきらめ、ほかの道に進もうとしている。実際、自然科学系（理学、工学、農学、薬学、医学等）の大学院修士課程修了者のうち、博士課程に進学した者は、2004年に6080人だったのが、2008年には4780人と20％も減少した。

それはそうだろう。博士になっても研究者として成功できる確率は低い。博士になるまで5年間、学費を払って大学院に通っても、就職すらあやうい。就職できたとしても、多くの企業では、博士だからといって給料を優遇してくれるわけではない。しかも頑張って研究しても好きなことをやっているだけだ、と厳しい声を浴びせられる。博士に行かないというのは、きわめて合理的な選択なのだ。

博士が減っても、行き場のない人が減るのだからまことに結構。そういう人もいるだろう。しかし、問題は、数が減ることではない。今大学関係者から、優秀な学生ほど大学院博士課程に進学しないという嘆きの声が多数聞こえてくる。当たり前だ。優秀な者ほど、博士課程に進学することが人生にとってプラスにならないということを理解できるからだ。

博士課程に行かないだけならまだいい。企業を含め科学・技術の研究開発に取り組む人がいれば、日本の科学・技術は大丈夫だ。実際、ソニーやトヨタといった世界的企業は、博士をそんなに採用していない。博士がなくても研究開発はできるからだ。科学技術立国ニッポンは博士などいなくても大丈夫だ……

しかし、それは甘い。もっと頭がよければ、大学受験のときに理工系に進学しないのだ。

ではどこに行くのか。数学や理科が得意な高校生が選択するのは医学部だ。成績上位層は医学部に殺到している。現在国公立大学の医学部は、東京大学の理科1類や2類と同じくらいか、あるいは高い難易度だ。大学入試センター試験の成績上位100人のうち、70人は医学部に進学するという。数学オリンピックに出場したような才能のある生徒でさえ、東大理3（医学部進学コース）に行くのだ。

確かに、医学には大量の知識が必要だし、新しい治療法を開発するのに才能ある人材を投入することが必要だ。

しかし、数学や物理の才能を活用できる場面は限られている。医学にはコミュニケーション能力など、いわば人間力とでもいえる能力が必要な場面が多い。理工系に進んだなら才能が発揮できる人が、医学部に入り医師になるのは、宝の持ち腐れではないか。

なんで医学部に進学するのか。それは金、安定、やりがいだ。

医師になれば、医学部卒業後しばらくすると年収が1000万円を超える。もちろん一部の大企業やベンチャー企業経営者などの年収に比べれば低いが、ポスドクからは圧倒的に高い。ポスドクの給料は300万円程度だからだ。

私は、理学部の大学院博士課程を中退して医学部に入り直したのだが、医学部に入学して10年ほど経った現在、もし博士課程を終えてポスドクになった場合の推定獲得年収と同じくらいか上回っている。それくらい差があるのだ。

そして、今医師不足が問題になっているくらいだから、職にあぶれることはない。そして、人の命を救うというやりがいのある仕事だ。これは魅力的だ。

理工系の仕事だって、人の命を救う職業であるのは変わりない。何より未知なるものを発見し、新しい物を作り出すことは、この上ない喜びだ。そういう意味でも科学・技術は魅力的なのだ。

しかし、いくら魅力的だと言っても、将来の見通しは立たず、年収も低いようでは、二の足を踏んでしまう。それが如実に表れているのが、医学部の難易度の高さなのだ。それは豊かな国の隣にある貧しい国のようなものだ。いくら国境を閉鎖したとしても、豊かさを求めて密入国する人が絶えない。それと同じように、ある程度の成績がある高校生は、いくら理工系の学問の内容そのものには魅力があると言っても、生きていくのさえままならないのだと知ってしまえば、医学部に行ってしまうだろう。

優秀な人材が医師に集中してしまう国。医師だけでは国は成り立たない。何かおかしくないか……

やばいぞニッポン

「高学歴ワーキングプア」という言葉は広がり、一般の人も知るようになった。ただ、いろいろな分野がまぜこぜになり、センセーショナルに語られている。

理工系の場合、これだけ博士が余っていると言われているにもかかわらず、科学・技術を担う人材は不足すると言われているのだ。三菱総合研究所の調査によると、今後の経済成長率によっては、将来科学・技術人材の供給が需要に間に合わないといった事態も想定されるという。

将来どころか、現在も「人が足りない」という声を聞く。ある特定の分野の知識、技能を持った人材を探しているが、それに見合う人材が見当たらないという。

つまり、今起きているのは、実は博士余りではなく、ニーズに見合った人材が見つからないというミスマッチなのだ。２００９年末に発表された民主党政権の経済成長戦略は、3％の経済成長を想定している。このような高い経済成長率のもとでは、大幅な科学・技術人材の不足が予想される。それでは成長も雇用を生み出すこともままならないだろう。

日本人がだめなら、外国から呼んでくればいいのではないか。そんな声も聞かれる。現に政府は留学生30万人計画を実行に移そうとしている。これに関連する予算は「事業仕分け」の対象にもならなかった。

しかし、自分の国の人材すら大切にしない国に、外国からわざわざ優秀な人材がやってくるだろうか。今全世界で優秀な科学・技術人材の獲得競争が行われている。シンガポールは世界中から優れた人材をスカウトし、使える予算の制限なしに自由に研究をやらせているという。今のままではそのような国と人材を競っても勝ち目はない。

このままでは、近い将来、日本は科学・技術で世界をリードし続けられなくなるだろう。その兆候は少しずつ見え始めている。不況は長引き、ソニーなど世界に知られたハイテク企業の多くが、長らく不振にあえいでいる。トヨタもリコール問題に見舞われ、大きな打撃を受けた。日本からiPhoneやGoogleが出なかったのは、偶然だろうか。このまま何もせず放置していては、いずれ日本は安楽死するだろう……

博士を使い倒そう

少々暗い話になってしまったが、今ならまだ間に合う。余ったと言われる博士を、国や大学だけでなく、社会がどんどん活用すればいいのだ。いや、それだけでは言い足りない。活躍してもらわなければ困るのだ。活躍は義務なのだ。

博士になるのには、長い時間とお金がかかる。博士はみなそれなりに高い難易度の大学を突破した人たちだ。大学院に行かず他の分野に行っていたら、きちんと就職はできただろうし、能力が高いから、活躍もしただろう。

そんな多額の時間とお金をかけて生み出された人材が、活躍の場もなく失業やワーキングプアに怯えているなんて、おかしくないか？　金、時間、人材の浪費だ。そんな無駄をしている余裕は今の日本にはない。

視野が狭い？　年齢が高い？　処遇に困る？　誰にだって欠点はある。世の中に完全無欠の人間などいるだろうか。多少の欠点には目をつむってでも博士が持っている知恵を使い倒し、新しい発見や発明をしてもらったほうが、得られるものは大きいはずだ。

博士を使い倒すと利益が得られるのは、研究開発職に限らない。教育現場に博士がいれば、子どもたちの目は輝くだろう。また、食品安全、原子力、ＢＳＥ（狂牛病）、生殖医療、環境といった、科学・技術と社会が深くかかわる課題に取り組む博士が増えたら、課題の解決に近付くことができるのではないだろうか。政府に博士がいれば、科学・技術をもっと活用する政策が立てられるのではないか。

実は、博士を雇ったことのある企業は、おおむね博士の能力に満足しているという。博士を高校の先生として雇った秋田県は、博士先生の活躍を高く評価している。博士は伊達じゃない。こんな能力を使わないで「食わず嫌い」しているのは、あまりにもったいない。

人材を有効活用できていないというのは、何も博士だけではない。今の日本では、年功序列、雇用条件の硬直化、縦割りといったことで、あらゆる分野で、人材をうまく活用できていないのが現状だ。博士という、一般には使いにくいと言われる人材の才能をフル活用することができ、日本が元気を取り戻したら、それは日本の雇用、働き方という部分に大きなプラスの影響を与えるに違いない。

こうした状況をみれば、優秀な人材が博士になり、また新たな成果が生まれる。たとえ博士にならなくても、理工系の分野に進んで活躍できる。それを見て次の世代の子どもたちがまた博士にあこがれ、理工系に進学する。

また、博士が活躍できれば、理工系人材の能力活用のモデルになり、企業で働く技術者など、様々な場所で働く理工系出身者にも光が当たるだろう。いったんよい循環ができれば、日本はこれからも科学・技術で食っていくことのできる国になる。

博士が活躍する影響は日本だけではない。日本から新しい研究成果が次々出れば、世界が、人類全体が恩恵を受けるのだ。そうすれば、日本は世界の尊敬を集める科学・技術の国になるだろう。優秀な人材が日本を目指してやってくるだろう。世界のエリートが日本で活躍し、私たちと同じ釜の飯を食って、日本に親近感を持ち帰国する。そして各国で政治、経済、科学の指導者になっていく。それは、どんな兵器より、どんな外交より平和に貢献するはずだ。

やや力が入りすぎたが、決して言いすぎではないと思っている。私は、博士の活用こそ、不況にあえぐ日本の大逆転の鍵であり、人類の未来を決める鍵だと信じている。

本書では、博士を中心とする科学・技術人材の現状に触れながら、博士の能力とは何か、博士が活用される社会がどのようなものになるか、大胆に予想してみたい。さらに一般の市民が博士を使い倒す方法について述べてみたい。

博士を使い倒す国日本。希望の未来をみてみよう。

注：本書では、主に理工系の視点から博士をみている。人文・社会科学系の状況とは異なる面もあると思うが、分野を超えた問題も多く取り上げているし、また特殊な状況から普遍的な問題が見えてくることもあると思うので、人文・社会科学の博士に興味がある方もぜひお読みいただきたい。

目次

博士漂流時代　「余った博士」はどうなるか?

第2章　博士はこうして余った

第3章　「博士が使えない」なんて誰が言った？

第4章　博士は使わないと損!

第5章　博士が変える未来

第1章　博士崩壊

浮かれ気分でいるときに

ホームページを何度もリロードする。そろそろ発表だ。まだか。お、出た! ナンブ、マスカワ、コバヤシ……日本人! おお!

「日本人3人がノーベル賞受賞!」
「化学賞に下村博士!」

毎年秋、ノーベル賞発表のシーズン。私はノーベル財団のホームページをリロードしまくる。誰がノーベル賞を取るのか、一科学ファンとして楽しみにしている。

そんなことしたって、あなたがノーベル賞取れるわけじゃないでしょ? そんなことを言われることもあるが、まあ、年に一度の科学のお祭りだ。許してほしい。

2008年は日本中が沸きかえった。日本人と日本出身の4人がノーベル賞を受賞したのだ。科学を学んだ私も大興奮！　駅に行って号外までもらってきてしまった。当然翌日は新聞各紙を全部買って見比べたりした。

本書脱稿後の2010年には、2人の日本人がノーベル化学賞を受賞することになった。今度はネット中継でスズキ、ネギシという名前を耳にした。時代は少しだけ変わっていたが興奮は変わらなかった。

これで2000年から2010年の10年間にノーベル賞を受賞した日本人は9人、米国籍の南部博士を入れれば10人が日本の関係者だ。アメリカには負けるけど（アメリカのノーベル賞受賞者は200人以上）、アジアでは一番だ。どうだ、日本の科学はこんなにレベル高いんだ、参ったか！　普段は科学に興味のない人たちも、日本の科学の底力に誇りを持ったに違いない。

しかし、世間が浮かれ気分でいるときに、私は心から喜ぶ気になれなかった。なぜなら、輝かしい成果の陰で、日本の科学が壊れかけているのを知っていたからだ。いったい何が起きているのか……

「博士が100人いるむら」の衝撃

数年前、ウェブ上をある「寓話」が駆け巡った。

その名も「博士（はくし）が100人いるむら」(1)。100大学院生が博士号取得後どのような進路を進むのか、100人の村だったら」のパロディ。人にたとえた話だ。当時はやった「世界がもし100人の村だったら」のパロディ。

何より衝撃だったのが、「死亡・不詳の者」の数の多さだ。100人のうち8人は「死亡・不詳」になってしまうのだ。首をくくる博士の絵や、「ノラ博士」をいじめないでくださいね、という皮肉が出てくる。確かに文部科学省が毎年実施する「学校基本調査」によれば、およそ10人に1人は「死亡・不詳の者」がいる。不詳の者の中には調査漏れなんかもあるだろうから、正直10人に1人が死んだりホームレスになったりするわけはなく、眉つばものではある。

とはいうものの、状況が厳しいのは事実だ。就職率も過去10年間6割で大きな変化はない。この就職者の中には任期付きの職が含まれているといわれており(2)、常勤の職を得られた者は限られているといわれている。

問題は、この眉つばなパロディを切実な問題として受け止める人たちの多さだ。あまりに身につまされたため、言葉すら出ない大学院生やポスドクが続出したのだ。なぜこんなパロディがリアリティを持つのか。それは、身近でこれを裏付ける話を見聞きしているからだ。

笑い事じゃない就職難。これが博士が直面している現実だ。

消えた先輩

「Kさん、研究所やめてフリーターになっているらしいよ」

「え……（絶句）」

10年以上前のある日の会話だ。Kさんは研究室の先輩。その年の春に博士号を取得して、ある研究所に勤め始めたと聞いていた。博士研究員、いわゆる「ポスドク」というやつだ。Kさんは博士課程の大学院生だったとき、アメリカに行って研究するなど、当時まだ駆け出しの新米大学院生だった私にとっては、博士課程の大学院生ってやっぱりすごいなあ、と思わせてくれる人だった。

そんな先輩がフリーター？

確かに人付き合いはそんなによくない「孤高の人」だったからなあ。そのときはそうやって納得していたが……

最近、先輩の名前でインターネット検索をしてみた。大学院生時代の学会発表などは出てきたが、一般的な名前だったので、今どこで何をしているのか、探し出すことはできなかった……

博士を出てもフリーターになってしまう……そのような話が単なる酒の席の話題ではないことを肌で感じるようになったのは、１９９０年代後半からだったように思う。

毎日新聞環境科学部が世に問うたベストセラー、理系白書（２００２年）には、月給

1万5000円で働いているという女性研究者の方の話が出てくる。博士号を取得し、アメリカでポストドクター（通称ポスドク。任期付き非正規雇用の研究員）まで経験したのにも関わらず、日本で職が見つからず、大学の非常勤講師の口しかないという方だ。

実はこの方は、私が主宰する「研究問題メーリングリスト」の参加者の方で、私が紹介した方だ。「研究問題メーリングリスト」は、私を含めた理工系の大学院生が中心となり、1998年に開設された。開設当初から、主要な話題は将来の展望の厳しさだった。先の月収1万5000円の方をはじめ、非常に厳しい状況に置かれた大学院生や若手研究者の悲痛な声が数多く投稿された。こうした声は、世紀をまたいで続いていった。

何かがおかしい。

彼ら、彼女らの声を生で見聞きし、漠然とした不安を感じるようになった。

東大は出たけれど……

私は、神戸大学医学部の前に東京大学理学部生物学科動物学専攻を出ている。なんで2

つも大学を出たかは後で書くが、東大の動物では社会に役立つとか儲かるといった考えで研究を行うことはない。あくまで、生物の不思議、謎を解き明かすのが使命だ。卒業生に作家の畑正憲氏、故日高敏隆氏がいるといえば、分かる人には分かってもらえるかもしれない。

卒業したら大学の先生になるか、研究機関に入るか、中学、高校の先生になるのが主体だ。製薬メーカーに勤める者もいるが、わずかだ。だから、昔から就職は厳しい。講義の中で教授が、「アメリカでは、科学者としてやっていけなかった人たちが、まったく別の職業に就いている。タクシーの運転手になった者もいる。知人の科学者は牧場主になった」という話をしていた。暗に科学者になるのは難しいよ、ということを諭していたのだろう。

とは言うものの、様々な大学の教授を輩出するなど、科学者になった卒業生は数多い。同級生たちと「ノーベル賞を取るぞ」という青臭い話をしていたのを覚えている。多くが科学者になることを疑わない。

ところが最近、科学者になれる人が少なくなってきたように感じている。1995年卒業の同級生15人のうち卒業して15年たった現在、大学の教員をしているのは先日准教授になったというF君ひとりだ。それ以外は、研究者版の非正規雇用者であるポスドクをしている者が圧倒的で、専業主婦になった同級生もいる。みなすでにアラフォー世代だ。

東大の公式データでもそれは裏づけられている。東大大学院理学系研究科生物化学、生物科学専攻の博士課程を修了した者の7割近くがポスドクになるのだ。地球惑星科学専攻に至っては8割以上がポスドク……（図1）

東大を出ても、40歳近くまで非正規雇用者……同級生たちと話をするたびに、厳しい現実を痛いほど感じる……

医学部に殺到する博士たち

動物学専攻の卒業者の進路をみると、ちらほらと「医学部進学」の文字を見る。大学院卒業者にも医学部進学者がいる。実は私自身、大学院博士課程を中退して、医学部に学士

図1　学部卒業後の進路

ポスドク　54%
教員　6%
研究生　0%
技術職員　0%
官公庁　2%
民間　38%

物理学専攻・天文学専攻

ポスドク　82%
教員　3%
研究生　3%
技術職員　0%
官公庁　0%
民間　12%

地球惑星科学専攻

ポスドク　42%
教員　17%
研究生　8%
技術職員　0%
官公庁　0%
民間　33%

化学専攻

ポスドク　67%
教員　8%
研究生　0%
技術職員　3%
官公庁　3%
民間　19%

生物化学専攻・生物科学専攻

出典：東京大学大学院理学系研究科ホームページ

入学した。同期には私以外にも、医学部に入り直したのがひとりいるから、15人中2人が医者になった。他の学年も多少の違いがあるが、だいたいこのような感じだ。

医学部への学士入学試験は、4年、もしくは5年で医学部が卒業できるので、倍率が数十倍に達するほど人気がある。

私が受験したとき、受験会場で数多くの理系大学院出身者に出会った。中にはアメリカで研究をしていたとか、大学の教員だったといった「強者」もいた。そんな研究者志望の人たちが医学部に殺到している。

その後、医学部学士入学試験を受験する人たちのためのメーリングリストを主宰したが、数多くの理系大学院生や博士号取得者が参加している。

そんな人たちに話を聞くと、「科学者として生きていけないから」という理由で受験したという人も多かった。

かくいう私も実はそのクチだ。大学院で科学者を志し、日々研究を続けていたが、なかなか成果が出ない。もしかして科学者としてやっていけないのではないか、と不安に感じる日々を送っていた。K先輩のことも頭によぎった。このままではフリーターになってしまうかもしれない……

弁理士試験の受験を目指したり、予備校の先生になろうとしたこともある。いろいろ考えるうち、医学部学士入学制度を知った。医学部が社会人経験者や大学院経験者を求めているという。

これだ、と思った。医学部に行けば研究も続けられるし、医師免許があるから食うに困らない。患者さんのために働くのはやりがいがある。一生かけてもいい……

こうして受験し、医学部に入学。医師になり今に至る。私と同じように数多くの大学院生、博士号取得者が医学部に入り直している。同級生にも何人もいたし、職場の同僚にもいた。至るところに「仲間」？がいる。

若干遠回りして、何年間か無給の生活を送っても、10年かそこらで経済的には取り返せる。博士号取得者の多くはポスドクになるが、年収は300万円程度だ。一方、学士入学で4年間（1年生から入り直せば6年間）無給だったとしても、臨床医になれば年収はすぐに1000万円を超える。無給の4年、6年の学費をどう調達するか、という問題があるが、長期的に見れば取り返せる。学費や教科書代、生活費などを考慮しても、研究をやめてやり直してもペイしてしまうのだ。

博士はバカ?

今や博士は馬鹿にされる存在になってしまった。

民間企業では、博士号取得者、ポスドクに対して、以下のような評価をしているという(3)。

「でもしか」タイプが多い(大学や研究機関でやっていけないから)
説明能力の欠如(専門外の人に対して)
柔軟性や適応性に難がある
忍耐力が欠如している
視野が狭い
専門分野に固執

それゆえ企業は博士号取得者を採用しないのだという。

私が衝撃を受けたのは、自民党の無駄遣い撲滅チームが、文部科学省の「キャリアパス多様化支援事業」に対して事業棚卸し（自民党版の事業仕分け）を行ったときの言葉だ。

「課題設定能力の無いポスドクが他の民間企業に採用されても使えないのではないか。採用した企業の方が不幸。能力のあるポスドクは自分で道を切り開く。」

「自分で問題解決能力のない人間に対する支援策を、血税を使ってやる意味なし。即刻中止。自己責任原則でいくべき。」

ポスドクを採用したほうが不幸とまで言われるとは……博士号など無能の証明に成り下がってしまった……

激変する博士、ポスドク

なぜここまで博士の価値が下落してしまったのだろう。

その原因は、博士の数の激増にある。１９６０年、博士課程在籍者の数は全分野合わせて7429人にすぎなかった。当時の大学進学者数は16万人（現在は60万人）。同世代の人口に占める博士課程の学生の割合はきわめて低く、博士課程に行くなど、まさに例外中の例外の選択肢だったと言える。

ところが、その後博士課程の学生は急激に増えていく。1991年（平成3年）に2万9911人に達したあと、急激に増え続け、10年後の2001年には6万5525人と2倍以上に増えている。その4年後にはさらに9000人増え、7万4909人に達した。その後ゆっくりと減り続けているものの、いまだ7万人台を維持し続けている（図2）。

いったいどうしてこんなに増えてしまったのか。

大きな理由は、1991年に文部省（当時）が打ち出した「大学院生倍増計画」だと言われている。

当時はまだバブル経済末期。博士も含め、理工系を中心とした高学歴の人材に対する需要も多く、当時の予測では、このままでは研究者が不足してしまう、と言われていた。また、日本は諸外国に比べて博士が少ないことも問題となっていた。グローバル化する時代

図2　大学院在学者数の推移

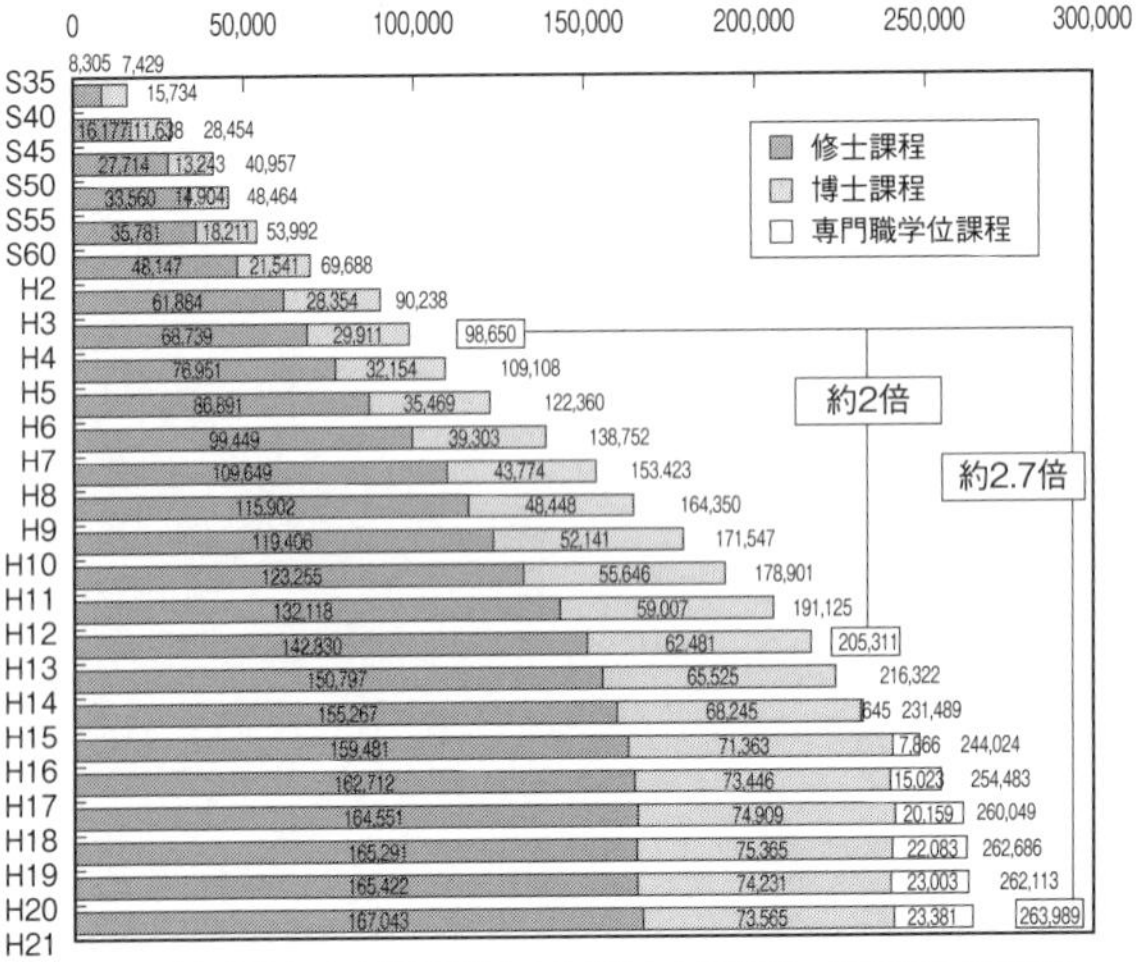

出典：文部科学省　中央教育審議会大学分科会大学院部会（第50回）配付資料

図3　博士号取得者と大学教員の数が逆転

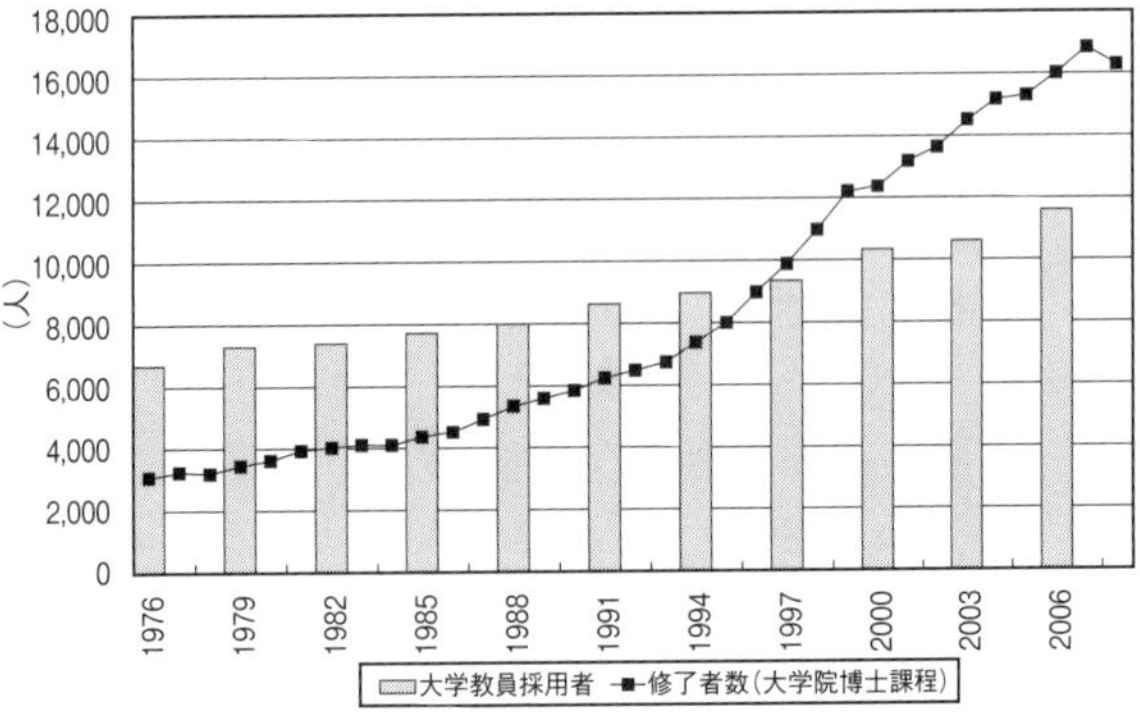

出典：文部科学省　知識基盤社会を牽引する人材の育成と活躍の促進に向けて

の中で、日本の研究が世界水準になるには、博士号取得者も世界レベルの数がいなければならないというわけだ。

そこで、大学院生を増やし、研究を振興していこうということで、大学院生が増えたのだ。博士課程の学生が増え、博士号取得者が増えること自体は問題ではない。それだけの人数が必要とされていたならば……

しかし、増えた分に見合うだけの職はなかった。予想が外れたのだ。

少子化もあり、大学教員の数は増えなかった。博士課程修了者が最も志望する大学の教員への就職は、きわめて狭き門になってしまった。かつては、博士課程修了者より大学教員採用者のほうが多かった。もちろんだからと言って全員が大学教員になれたというわけではなかったが……

しかし、1997年に転機は訪れた。この年、博士課程修了者数が、大学教員採用者数を上回ってしまったのだ（図3）。この年以降、どうあがいても博士課程修了者の全員が大学教員になれなくなったのだ。

では、博士課程修了者はどこに行ったのだろう。民間企業？　官公庁？　中高の先生？

答えはノーだ。

確かに民間企業に就職する博士課程修了者は増えつつある。しかし、いまだに多くの企業が博士を雇っていない。博士を雇っている、あるいは雇ったことのある民間企業は10％程度にすぎない。バブルは崩壊し、長い不況に突入した。博士の需要が大幅に増えることはなかったのだ。

官公庁はどうか。名簿を見ても、博士はぱらぱらとしか見ない。博士を持つ中高の先生も少数派だ。

では博士はどこに行ったのだろう。

ポストドクターという職業

答えはポスドクだ。

「年度契約の任期制職員で、評価により協力研究員は最長3年、協力技術員はプロジェクト終了まで更新可能」

「勤務体系：常勤、1年毎の更新、任期は3－4年程度」

これは、ポスドクの募集要項から適当にピックアップしてきた文章だ。これを見ればわかるように、ポスドクは任期がついた非正規雇用の職なのだ。

新聞などでは「博士研究員」と呼ばれることもある。ポスドクは科学者への登竜門のような職だ。

文部科学省はポスドクを以下のように定義している。

「博士の学位を取得後、①大学等の研究機関で研究業務に従事している者であって、教授・助教授・助手等の職にない者や、②独立行政法人等の研究機関において研究業務に従事している者のうち、任期を付して任用されている者であり、かつ所属する研究グループのリーダー・主任研究員等でない者。（博士課程に標準修業年限以上在学し、所定の単位を修得の上退学した者（いわゆる「満期退学者」）を含む。）」

ちょっと分かりにくいが、博士号を取得したが、常勤の職には就いていない、研究者版非正規雇用者のような存在だ。必死で結果を出し、いつかは常勤の研究者になることを目指し、日夜研究にいそしんでいる。

科学技術政策研究所によると、ポスドクは70・6％が大学に在籍している。ポスドクの任期は平均2・7年だ。すなわち、一定期間の間に業績を挙げて、次の職を探さなければならないというプレッシャーに常にさらされている。

ポスドクたちは20代後半から30代。まさに研究者として脂が乗り切った旬の時期だ。実際、ノーベル賞受賞者が、受賞対象の研究を行うのがこの年代だ。自分の将来もかかっているから、必死に研究する。次々と結果が出る。まさにポスドクが基礎科学研究を支えていると言っても過言ではない。研究プロジェクトを主催する者にとって、優秀なポスドクをどれだけ確保できるかが死活問題だったりする。

ポスドクが科学を担っていることは、科学者の業界では広く理解されている。なんとアメリカでは、「ポスドク感謝デー」があるという。研究に貢献しているポスドクに感謝の気持ちを表すという日だ。そこまで重要に思われているということだ。

「フューチャーラボラトリ」の橋本昌隆社長によると、一人前のポスドクが誕生するまでに、なんと1億円ものお金がかかっているという(4)。なんでそんなにお金がかかるのか。その内訳はこんな感じだ。

大学院修了までに9年間かかる。学生1人当たり国から与えられるお金は、年間330万円だという。それが9年間で3000万円。その後、国から研究費や給料が出る研究員になった場合、かかる経費は年間1200万円だ。これを6年間勤めると、7000万円。だから計1億円なのだ。かなり大まかな計算ではあるが、ポスドク育成に多額の国費がかかることは理解できる。

ポスドクが増え続けている(図4)。ポスドク制度が日本に導入されたのが1980年代半ば。そのころは数百人程度しかいなかったポスドクが、1990年代半ばから急激に増え始め、2000年には1万人を突破した。その後も増え続け、2008年には約1万8000人に達した。この間、博士課程の大学院生は2万人増えている。見事に増えた分の博士課程修了者を吸収しているのだ。ポスドクが増えた博士の受け皿になっている

図4　ポストドクター数の推移

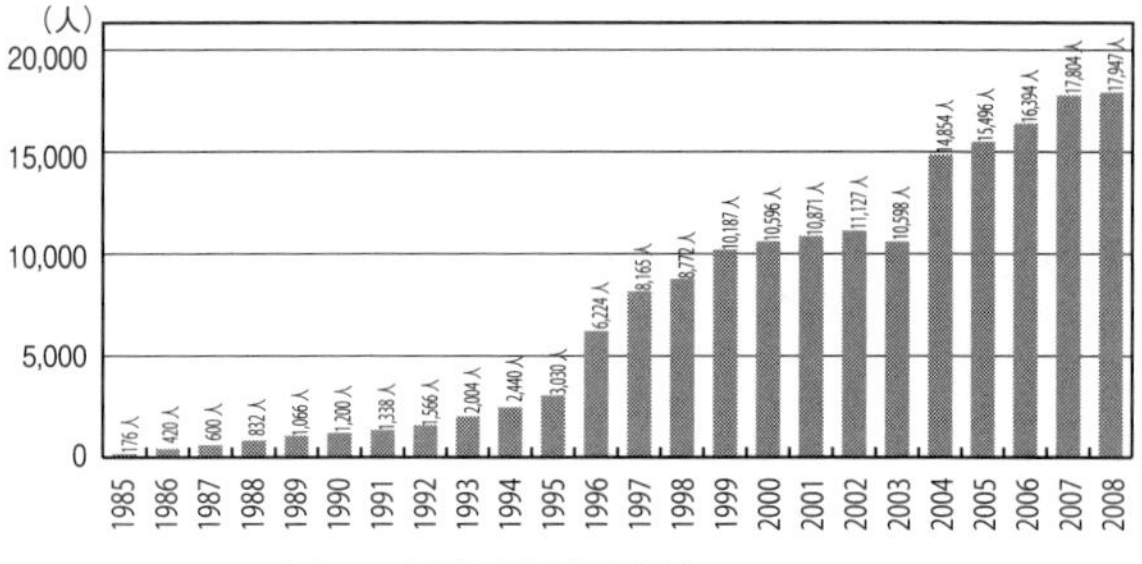

1995年までは文部省（現文部科学省）のみ
1996年から2003年までは政府全体（文部科学省調べ）
2004年からは科学技術政策研究所調べ

ということだ。

文部科学省の科学技術政策研究所の調査によると、２００７年現在、ポスドクは１万７９４５人いると言われている。しかし、これはあくまで公式な数字だ。

「実は『支援無しポスドク』がいったい何人いるのかはよく分からないのです。」

元産業技術総合研究所主任研究官の岡田安正氏は言う(5)。なぜなら、ポスドクがどの研究費で雇われるかによって、給料も社会保障もまちまちで、雇用の形態は様々。研究プロジェクトに雇われている者もいれば、研究機関に雇われている者もいる。教授が得た研究費で雇われている者や、給料をもらっていない無給のポスドクもおり、把握し切れないからだという。数字には載らない人を含めて、２万人以上いるというのが事情通の一致した見解だ。

ポスドクがどうして増え続けているのか。それは、科学研究の予算が増えているからだ。研究費があり、新しい装置があっても、それを動かす人がいなければ研究はできない。大学や研究機関は正規の職員を簡単には増やせない。そこで、研究費で雇える任期付きの非正規雇用の研究者、すなわちポスドクを増やすのだ。

長時間労働、薄給、不安定――ポスドクの実態

ポスドクを含めた科学者は長時間労働をいとわない。朝から晩まで、時には徹夜をしてでも研究をする。誰に言われたわけでもないのに。もちろん研究分野によっても違いはある。実験データを出さなければならない分野では、実験しないとデータはゼロなのだから、体を動かすしかない。2003年の科学技術白書によれば、大学院生は週に63時間、ポスドクは週に65時間研究活動に費やしているという。

私がやっていた生命科学の分野では、とくにそれが顕著だ。2001年にアメリカの科学雑誌サイエンスに発表された論文によれば、アメリカの生命科学研究者は、3分の1が週60時間以上働く。他の分野では、これだけ長時間働くのは24%だというから、とくに長い。また、35歳から44歳の生命科学研究者は平均週50時間働いているという。このような長時間労働が必要なのは、生命科学分野では、1週間5時間多く働くと、1年間に発表する論文が1報増え、0・9%給与が増えるからだ。

そして、いつまで仕事を続けられるか分からないという不安定さがポスドクたちを悩ませる。

かつてタンパク3000というプロジェクトがあった。タンパク質の構造を3000種類解析しようという野心的なプロジェクトだった。いろいろ批判があるプロジェクトだったのだが、それはここでは置いておく。このプロジェクトが終了した2007年、衝撃的なニュースが私の耳に飛び込んできた。

「(ポスドクが) 大体230～240人おりましたけれども、次期プロジェクトに移れた方が160人ぐらいだったでしょうか。あとの方で大体40～50人の方が外部に転出されました。それからあと30人ぐらいの方が今も次のポストを探しているという状況がございます。」(6)

何か大きなプロジェクトが立ち上がると、ポスドクが多数雇われることになる。ポスドクがいないとプロジェクトは進まない、という声をよく聴く。ところが、プロジェクトが終わればはい、さよなら。厳しい世界だ……

ポスドクの先の絶望

任期が終わったあと、どうなるのか。

データからはまったく希望が見いだせない。

ここ数年、若手教員の数は増えるどころか横ばい。割合は減り続けているのだ（図5）。

ポスドクから大学教員になる率は非常に低い。分野によっても異なるが、理学系などは、ポスドクは4853人いるが、この分野の教員採用数は593人。10倍近い狭き門となっている。

実感としてはもっと狭き門のように感じる。一つの大学教員の募集に、100人を超える応募者があるなんてざらだ。300人なんて話も聞く。

では、企業への就職はどうか。

これもまたきわめて厳しい。ポスドクを雇っている、あるいは雇ったことのある企業は、博士課程修了者を雇ったことのある企業よりさらに少ない。わずか2％程度でしかないの

図5　大学で37歳以下の教員が減っている

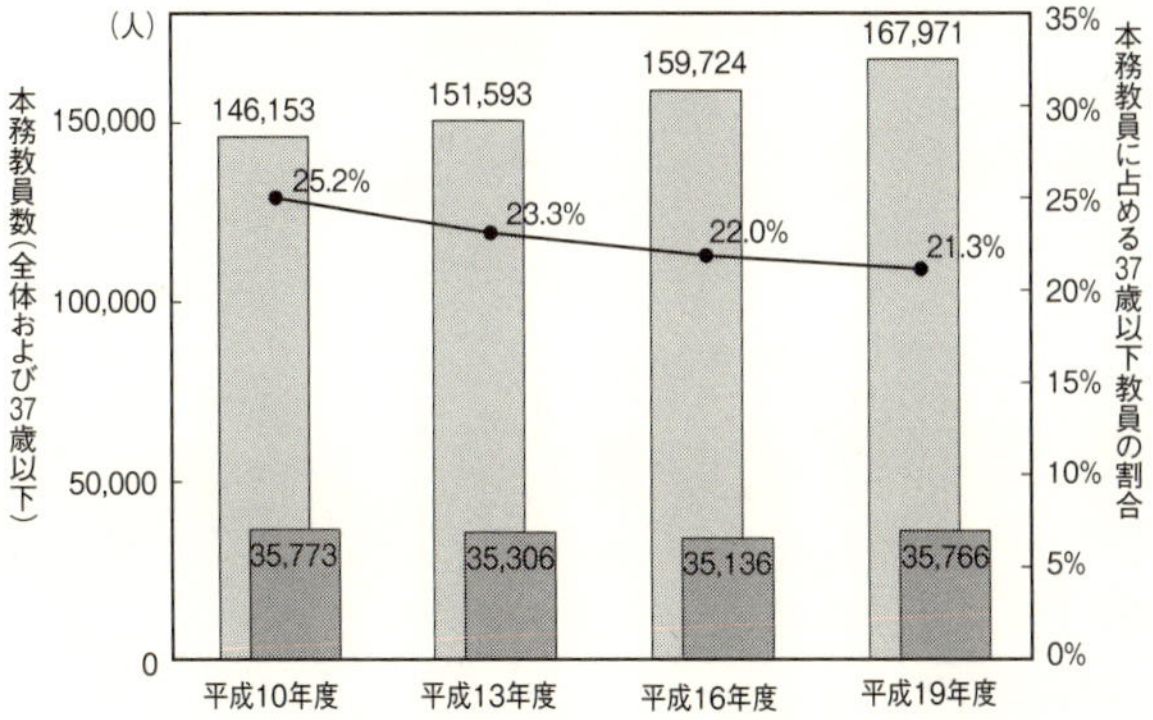

出典：平成22年度科学技術白書（文部科学省）

だ（図6）。

官公庁はたいてい30歳程度で年齢を区切るので、最初から応募できない。中高の教員も同じだ。これではどこにも行き先はない……ゼロではないが、1万7000人すべてを雇用する先はない。

ではどこに行くのか。

答えはポスドクだ。そう。ポスドクが終わったあと、別の場所でポスドクになるのだ。渡り鳥のようにそれを何度も繰り返す。この間、大学教員や企業に就職していく者もおり、年齢が高くなるにつれてポスドク率は少しずつ減っていくのだが、それでもポスドク以外道がない者が多い。

これはデータにも表れている。ポスドクが高齢化しているのだ（図7）。40歳以上のポスドクが増え続けている。2006年には9％でしかなかった40歳以上のポスドクは、2008年には13％になった。女性ポスドクに至っては、17％、6人に1人が40歳を超えるのだ。ポスドクがどんどん高齢化している。

科学技術政策研究所が発表したデータでは、博士課程終了直後にポスドクになった人の

図6　ポストドクターはどれくらい採用されているか
（企業へのアンケート）

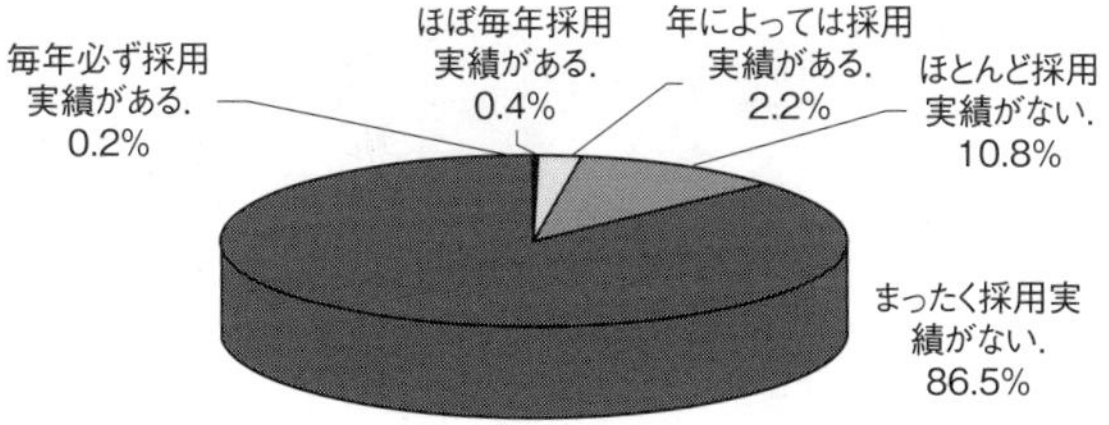

出典：毎日コミュニケーションズ「新卒採用における人材ニーズ（理工系・バイリンガル人材）に関するアンケート結果　2008年（09年卒理工系）」

図7　ポストドクター等の男女別年齢構成（2008年度）

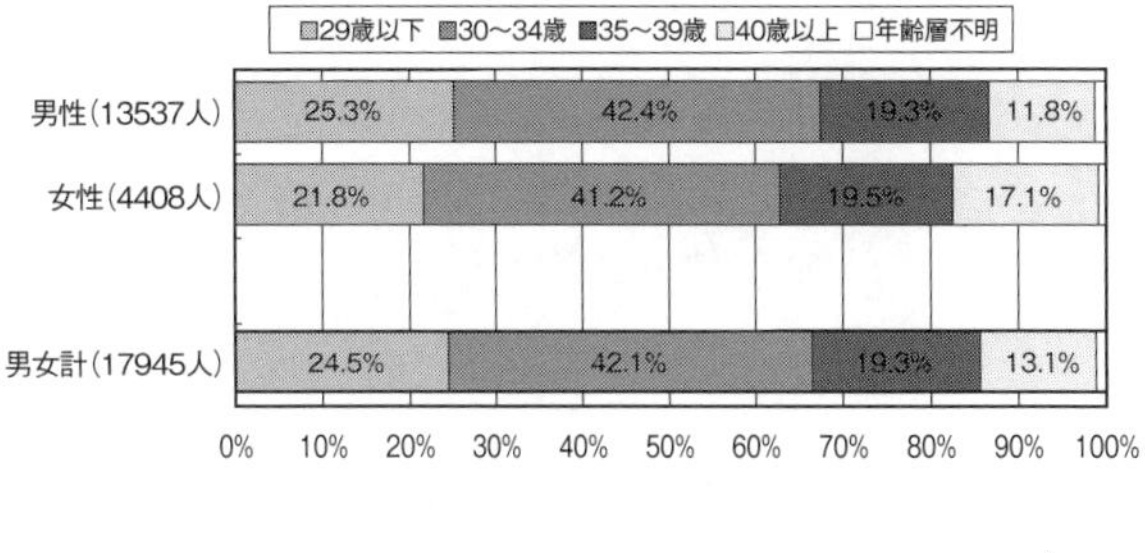

出典：科学技術政策研究所調査資料：182　「ポストドクター等の雇用状況・博士課程在籍者への経済的支援状況調査——2007年度・2008年度実績」

半分は、5年後もポスドクのままだという（図8）。

一生ポスドクはあり？

どんどん高齢化していくポスドク。このままでは一生ポスドクで終わる人も出てくるかもしれない。このままの就職率でいくと、60歳を超えてもポスドクのままの人が10％くらい出るというデータもある(7)。これは少し古いデータであり、今だったらもっと多いかもしれない。

一生ポスドクも悪くない……そんな意見も結構多い。もしできるのなら。一生好きな実験をして終えることができたら、たとえ少々不安定な非正規雇用でもいいではないか。

しかし、一生をポスドクで終えることは難しい。ポスドクの募集要項には制限があるのだ。以下は、ポスドクの募集サイトから取ってきた文章だ。

「雇用開始日において、博士号取得後7年以内の方」

さすがに露骨な年齢制限は見かけなくなってきたが、ずっとポスドクをやっていくこと

図8　修了直後にポストドクターとなった者の現在の職業

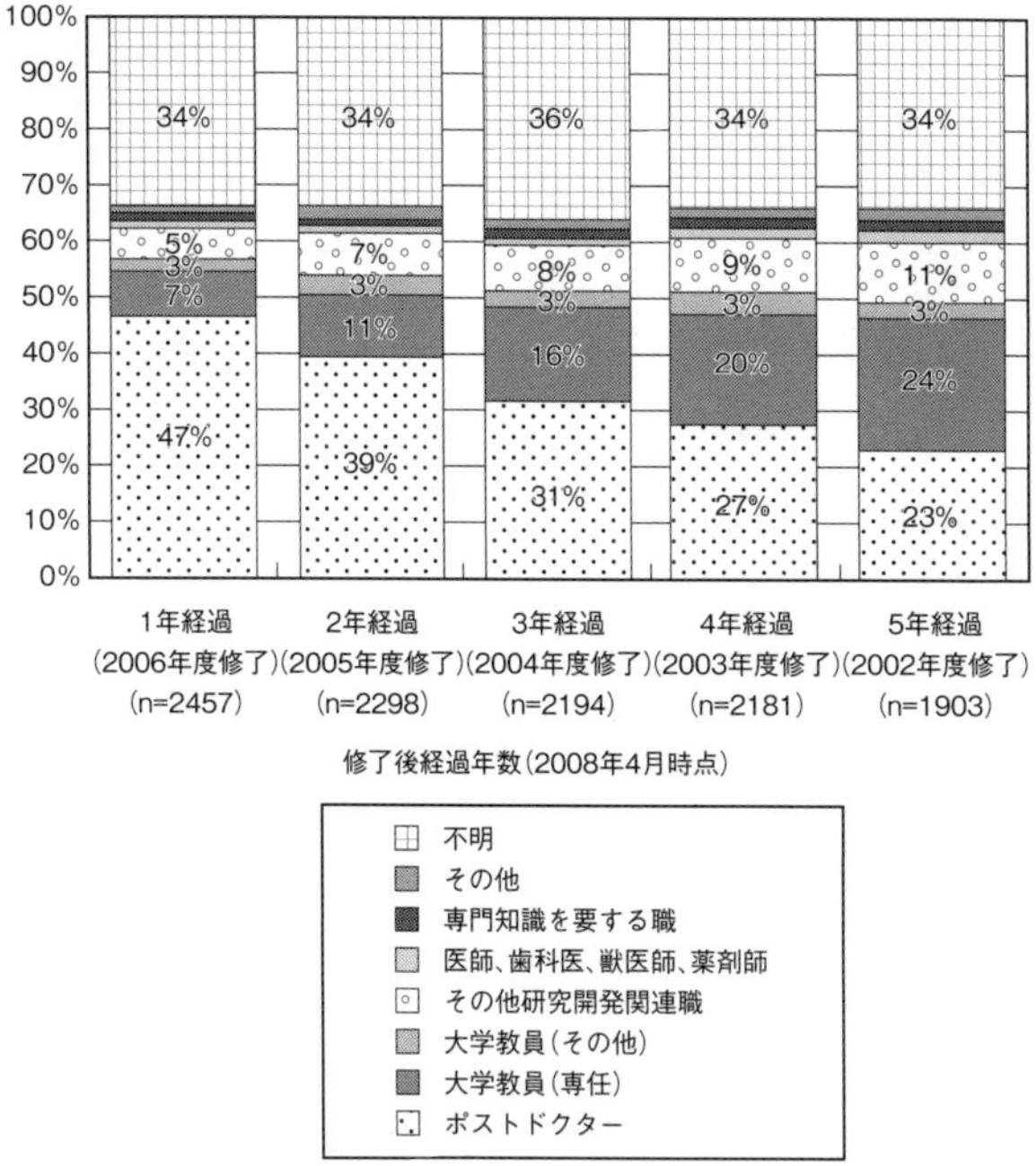

出典：科学技術政策研究所NISTEP Report126「我が国の博士課程修了者の進路動向調査」

ができないのだ。

どうやら国もポスドクをずっとやっていくことに反対のようだ。２００８年に、国の科学・技術政策の司令塔である総合科学技術会議がこんな提言を出した。

「ポスドクへのフェローシップ等は、その対象を博士号取得後5年間程度までに限定すべきである。」

つまり。ポスドクは博士号取得してから5年間しかするな、ということだ。これはあくまで提言なので、実際に実行に移されているわけではないようだが、今後どうなるかわからない。

日本的な事情も影響している。最近は30代で教授や研究機関の主任研究員となって、部下を雇う人が多くなってきた。そのとき、自分より年上の部下をあえて選ぼうとする人は残念ながら少ない。そりゃそうだろう。子どものころから年齢の上下関係の中で暮らしてきた私たちが、年上の部下をどう扱ってよいかを知っているとは思えない。だから、若い教授の部下は、もっと若い人になる。

40歳過ぎて、3年ごとに行き先を探す。給料も頭打ちになる。これでは私生活などまともにできない。かといって、40過ぎた新人を雇う企業は少ない。精神的にも追いつめられる。こうして行き先がどんどん狭まっていく。

教員がポスドク化する

厳しい競争を勝ち抜いて、ようやく大学教員になれたとしよう。これで安泰。家でも買おうか……

ところが、大学教員になったとしても、全然安泰じゃない。任期が付いている職が増えているからだ。

特任助教、特定講師……このような一見かっこいい肩書きが付いた教員がいたら、まず任期が付いていると考えてよい。私も一瞬だけ特任助教になったが、3年の任期が付いていた。

1997年に「大学の教員等の任期制に関する法律」ができて以来、任期制が広がった。2010年の科学技術白書によると、約2割の教員が任期制だという。2割なら少ないじゃないか、という方もいるだろうが、実はこれにはトリックがあって、任期制が導入されたときに教員だった人にはさかのぼって任期が付くことはあまりない。新しく採用される人たちから任期が付いていったのだ。

任期が終わったあと再任もありうる職も多いので、必ずしも任期イコール厳しいと言えるわけではないが、自分のクビを心配しなければならないのは結構負担らしい。

知人に言わせると、任期付きの助教なんてポスドクよりひどいという。ポスドクは研究だけしていればいいけれど、助教は教育も含めたくさんの仕事がある。研究にあてる時間が少なく、業績がなかなか出せないのだという。また、ある人に言わせれば、任期付きの准教授なんて、名前がかっこいいだけでポスドクと同じだそうだ……

図9　大学教員における任期制の導入状況

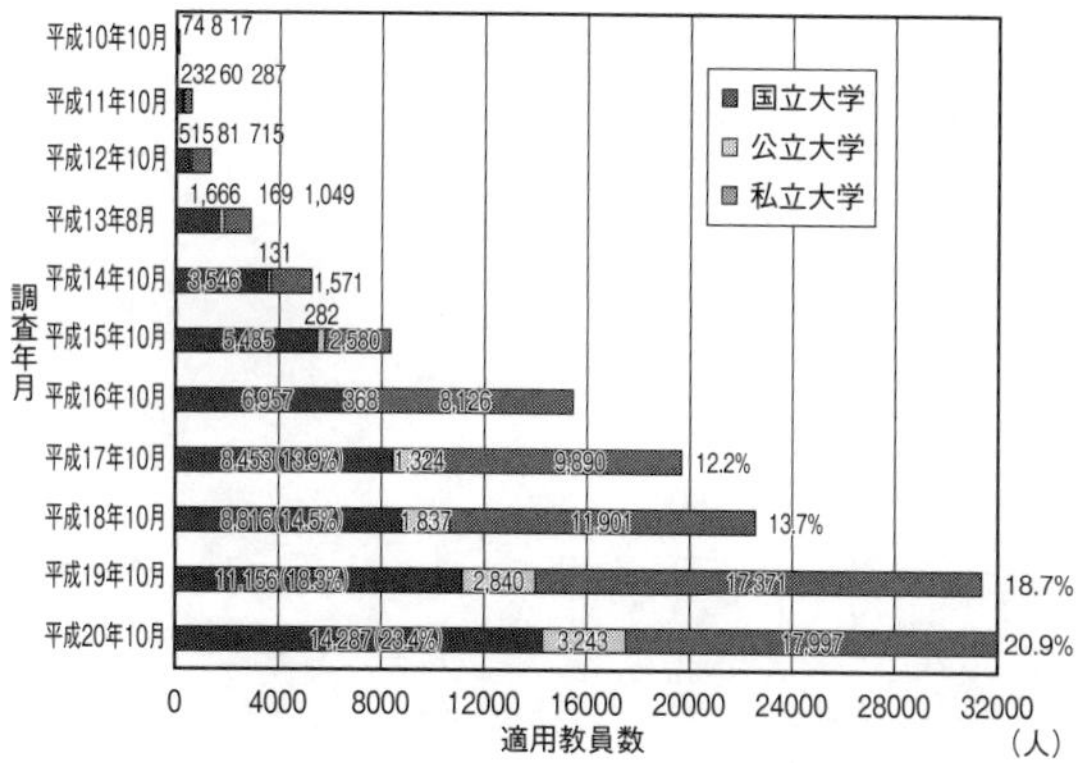

注：グラフ右端の数値は全本務教員に占める任期付教員の割合、(　)は国立大学における全本務教員に占める任期付教員の割合。
注：平成16年10月の数値より、国立大学の法人化等に伴い、「大学の教員等の任期に関する法律」に基づくことなく、期間の定めのある労働契約を締結して雇用した場合を含めている。

資料：文部科学省作成

バイオの無残

ポスドクの厳しい現状を話すと、反論されることがある。とくに、工学部出身の人から批判されることが多い。

いわく「工学部では、大学院博士課程に進学する人が少なくて困っているくらいだ。博士課程に来るのは大学院留学生くらいだ。ポスドクが厳しいなんて全然思わないね。いったい何言っているの？　本当のことなの？」

その批判は当たっている部分がある。実は博士の就職状況は、分野によって状況が異なるのだ。

たとえば、2008年に理学系の博士課程を修了した者の民間企業就職率は25％。これに対し、工学系では41％に達する（図10）。ポスドクになる率も分野で大きく違う。人文、社会科学と、いわゆる理工系の間にも大きな違いがある。

さらに細かく見ていくと、理学の中でもバイオ系と化学系が異なっているなど、分野に

図10　博士課程修了者の進路

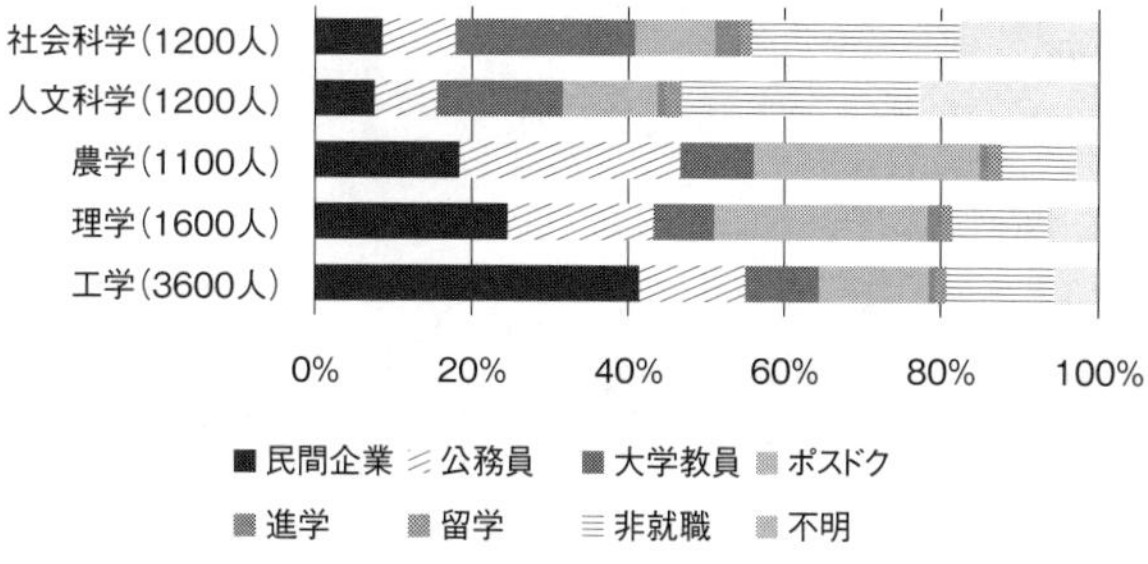

出典：文部科学省「大学院教育の現状について」より著者作成

よる違いは大きい。分野を無視してひとくくりに「博士は就職難」とは言えないのだ。

中でも厳しいのが生物学だ。科学技術政策研究所の調査では、2008年時点で、ポスドクの38・1%がライフサイエンス、つまりバイオ系だ（図11）。他の分野では、人文・社会科学が13・8%、ナノテクノロジー・材料が8・6%などで、バイオの半分にも満たない。

バイオ分野の発展は目覚ましい。これからはバイオの世紀などと言われ、食糧危機の解決や、様々な病気の治療法の解明などにバイオが役立つと期待を集めている。また、医療産業が日本の将来の成長産業になるのではないかと言われており、官民の期待が高い。

こんな熱気に押されてか、大学に次々とバイオ関連の学部、学科が誕生している。週刊エコノミストのまとめによると、2003年から2008年の6年間に、70ものバイオ関連の学部、学科が誕生したという(8)。

しかし、輝かしいイメージとは異なり、バイオ系の学科を卒業しても就職は厳しい。ましてや、博士号を取ろうものなら……

図11　ポストドクター等の分野別内訳（2008年度）

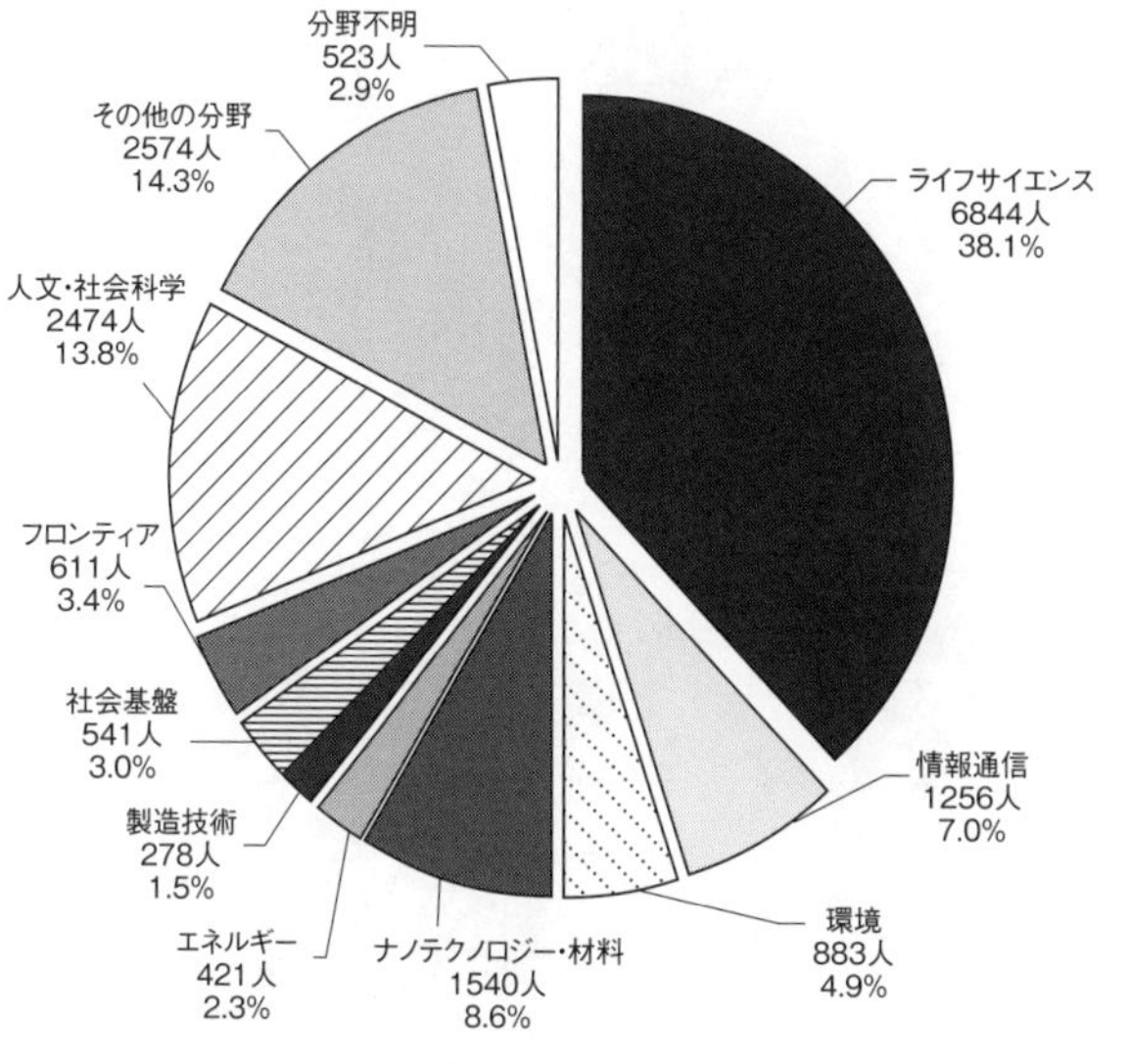

出典：科学技術政策研究所調査資料：182「ポストドクター等の雇用状況・博士課程在籍者への経済的支援状況調査――2007年度・2008年度実績」

科学技術政策研究所の調査では、同じ理学系の中でも、化学系に比べてバイオ系の厳しさが目立っているという。バイオ系では、博士課程修了直後にポスドクになった者の多くは、5年たってもポスドクのままだという（図12）。

なぜバイオは厳しいのか。それは、バイオの技術を役立てる産業がないからだ。

え、再生医療だ、新薬だ、遺伝子組換え食品だと盛んに報道されているではないか……そう思われる人も多いだろう。ところが、バイオ関連産業に従事している人は30万人程度(9)。結構いるではないか、と思われるかもしれないが、自動車、エレクトロニクス、材料などは100万人以上であり、産業規模が全然違う。

これは別のデータでも裏づけられている。毎日コミュニケーションズが公表した人材ニーズ調査によると(10)、今後ニーズが最も高いと考えられる学科は電気・電子系、ついで機械系、情報工学系と続き、生物系は13位にすぎない。薬学系が4位、農学系が12位と、バイオ関連の学科のニーズはあるにはあるが、これらがすべてバイオ系というわけではないから、厳しい状況は変わらない。

つまり、ニーズもあまりないのに次々と学部、学科が誕生し、博士が誕生しているのだ。

図12　専攻別に見る博士課程修了直後にポストドクターになった者の現在（2008年4月1日）（2002-2006年度理学分野修了者全体）

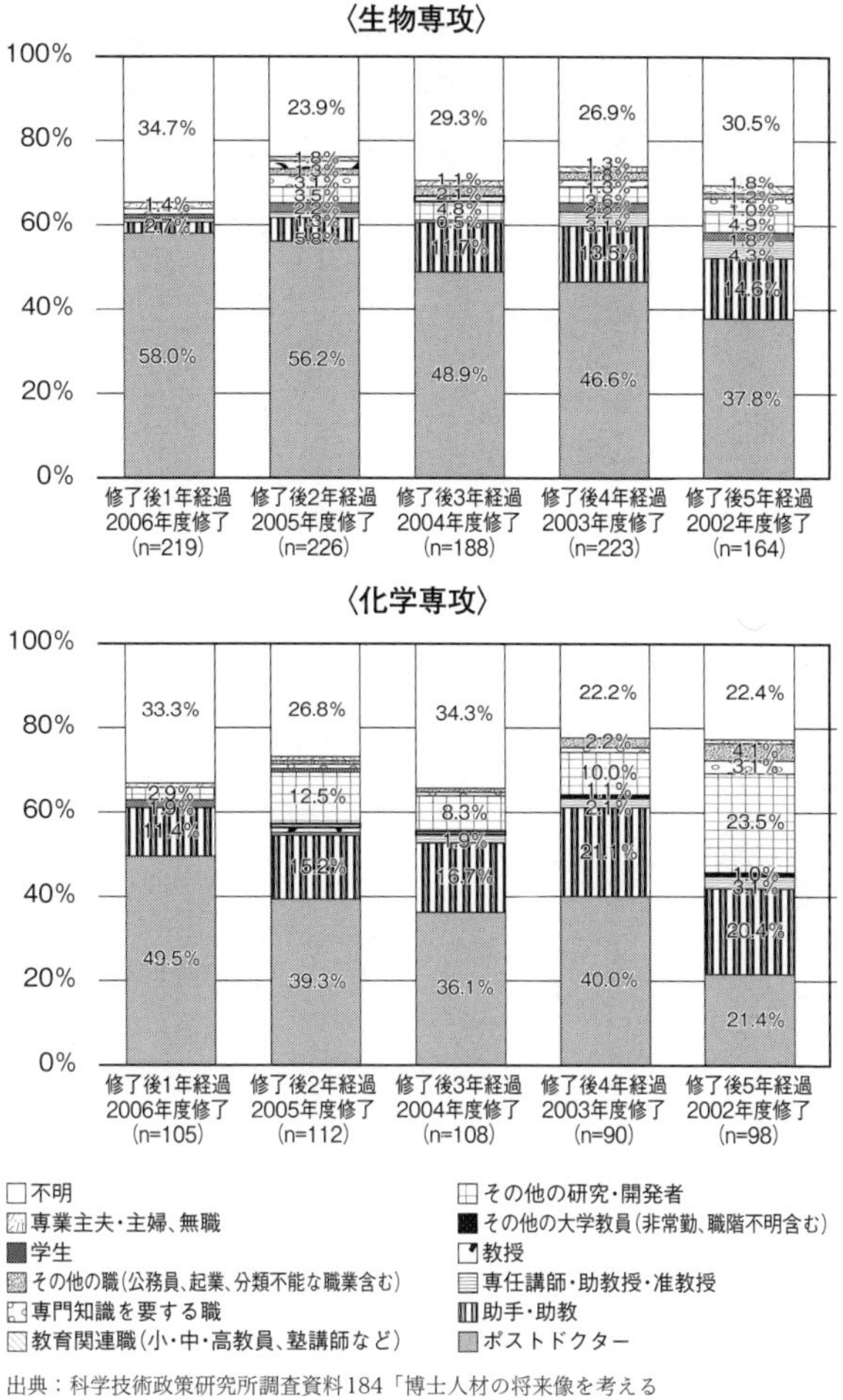

出典：科学技術政策研究所調査資料184「博士人材の将来像を考える
——理学系博士課程修了者のキャリアパス」

待っているのは……

心病む博士

こんな厳しい状況に、博士や博士の卵たちが心を病み始めている。

精神科で1カ月研修したとき、ある先生が言っていた。

「隣の建物（注：基礎研究棟）の人がよく受診するよ。突然泣き出して辛い、辛いと言ったり……心配だ……」

精神科を受診する大学院生が増えている。少々古いデータだが、東大保健センター精神神経科を受診する大学院生は、1991年から2000年の間に3・2倍に増加した(11)。その間大学院生数は1・8倍になっただけだから（もちろんそれも高い伸びだが）、急増していると言える。同時に休学者数も約2・5倍になった。

実は私も、博士課程の大学院生のときに心理カウンセリングに通っていた。研究がうまくいかないこと、将来の展望が見えないこと、研究室の人間関係に悩んだことが原因だ。

「任期付きはずっと求職中のようなもので、すごいストレス。来年どうなるかわからない立場では長期プロジェクトにも参加しにくい」こんな声を聞くことも多い(12)。

日本物理学会が行ったアンケート調査には、こんな言葉がつづられている(13)。

「やっぱり寝ていれば、必ず悪夢は見ますし、たいてい朝は寝汗をかいて起きているし。精神的には全然落ち着いてないと思います」(30代後半、既婚男性の声)

「結構、死んじゃう人が多いですね。僕が直接知っている人だけで3人、4人くらい。自殺ですね。やっぱり厳しいし先の保証もなくて鬱々とやっている。僕の1個下の代の人も死んでいるし、あと仲の良かった2個下の人も自殺しちゃった」(30代前半、既婚男性の声)

あまりの状況に言葉が出ない……博士が急激に増え始めて15年。最初の世代はまだ40代前半だ。これから歳を重ねていくこの世代に、いったい何が待っているのか……

もはや博士を目指さない

「ほんとまじやばいっす」

深刻な表情で言うのは、ポスドクのHくんだ。何がやばいのか。

「うちの研究室、もう5年も博士課程の大学院生が入ってこないんですよ。このままでは、研究室の技術を維持することができないですよ。」

「この前食堂で、大学生がこんな話してたんですよ。博士課程にだけは行くのやめよう。行っても意味ないって。こんなんじゃ日本は沈没しますよ。」

Hくんが言ったことは、データでも裏づけられている。2010年の科学技術白書によれば、自然科学系の博士課程入学者数が近年減り続けている(図13)。また修士課程修了直後に博士課程に進学する者の数は、2004年に6080人だった進学者は、5年後の2009年には4832人にまで大幅に減ってしまった。率でみると、理学系を中心に急激に減少している(図14)。

図13　大学院博士課程への入学者数の推移（自然科学系）

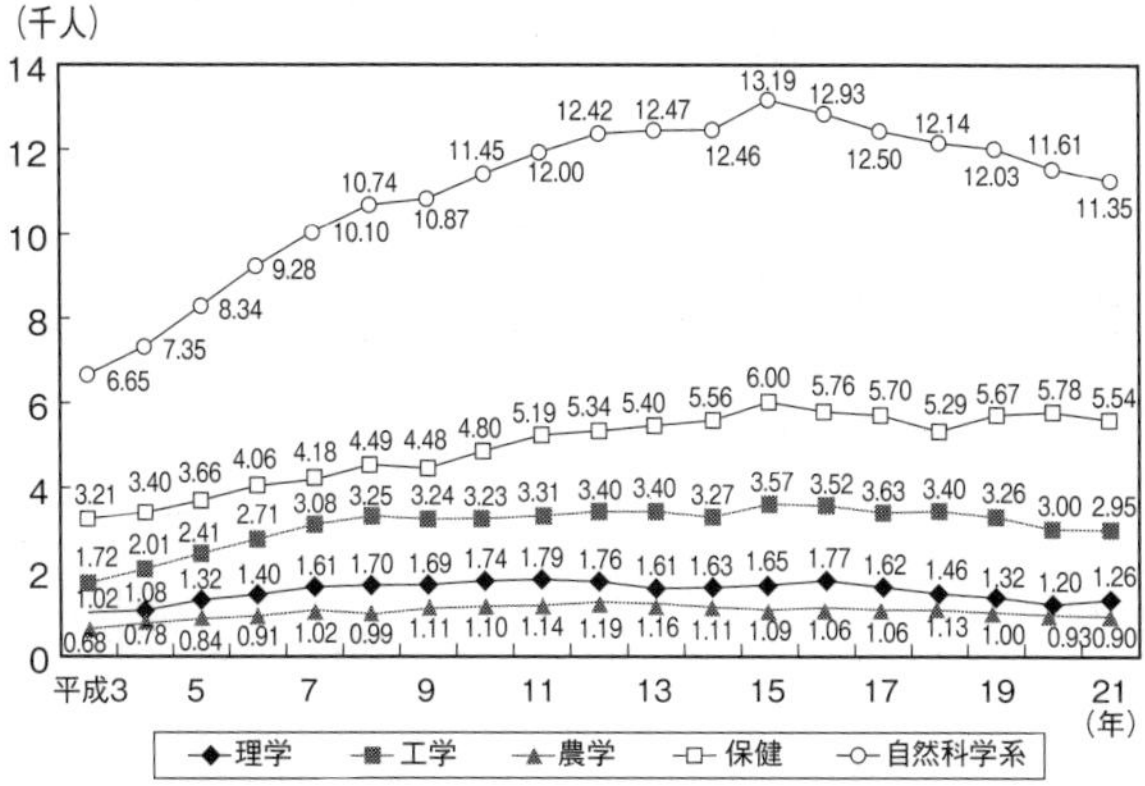

注：自然科学系には、理学・工学・農学・保健のほかに、その他（自然科学）も含まれる。

資料：文部科学省「学校基本調査」を基に作成

出典：科学技術白書（2010年度）

図14　修士課程から博士課程への進学率の推移（自然科学系）

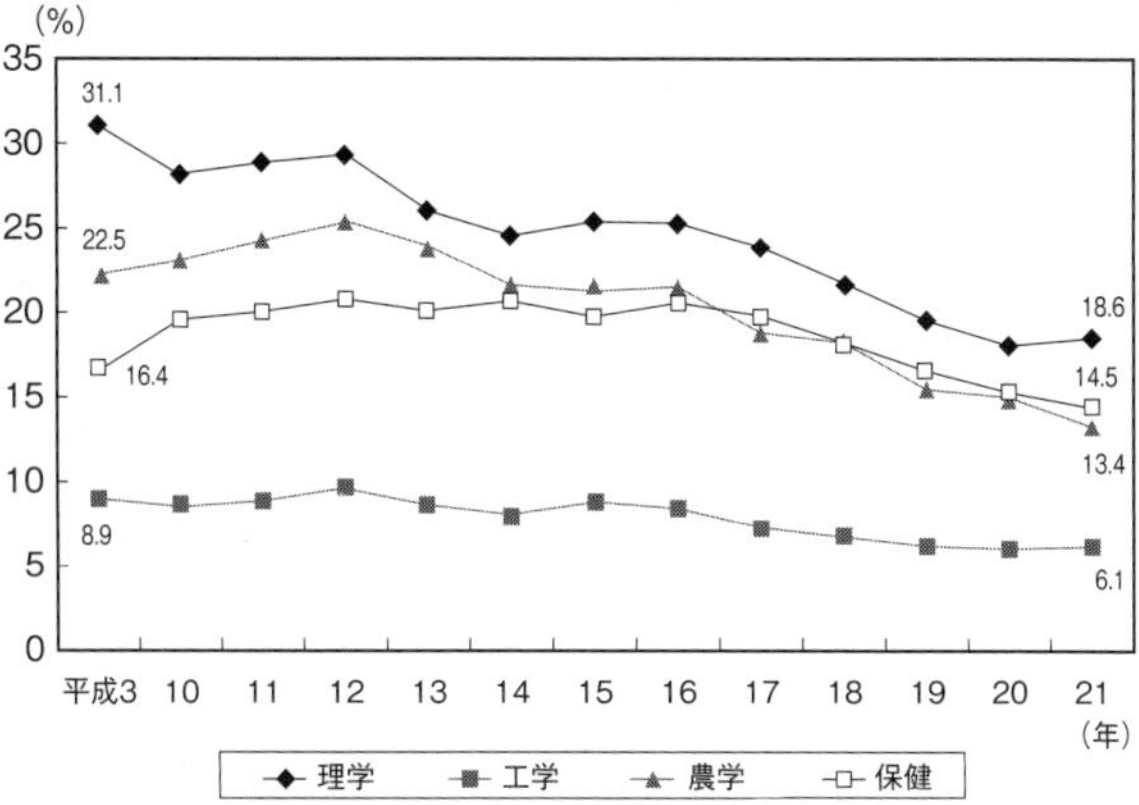

資料：文部科学省「学校基本調査」を基に作成

出典：科学技術白書（2010年度）

問題は数だけではない。大学関係者が口をそろえるのは、優秀な学生ほど博士課程に進学しなくなったということだ。博士課程に進学すると言ったら、友人知人から必死になって止められた、という話も聞く。

それだけならまだましだ。問題はもっと若い世代にも、理工系への進学を避ける傾向が強まっているのだ。

大学受験で医学部人気がますます高まっている。国公立大学の医学部の半分以上が、東大理科1類、2類より偏差値が高い。進学校で名高い灘高校では、219人いる卒業生のうち60人が現役で医学部に入るという(サンデー毎日2010年4月25日号)。実に卒業生の27・4%にも達する。浪人を合わせると、42・5%が医学部に進学するのだ。こうした状況を、代々木ゼミナール入試情報センター本部長の坂口幸世氏は以下のように述べる。

「レベルの高い理系受験生は大学卒業後、研究者か大企業就職を目指すのが一般的です。しかし、研究所などは事業仕分けの対象になり、大企業も不況から経営が芳しくない。どちらも将来が不安定なことから、定員が史上最多となった医学部が見直され始めているの

です。」（サンデー毎日２０１０年４月25日号）

もちろん、これはあくまで成績上位層が医学部に行ったというだけであり、理工系学部の定員が減ったわけではないのだから、理工系へ進む人数としては変わらない。しかし、優秀な人材が理工系、つまり科学や技術から遠ざかり始めているのだ。

こんな話も聞いた。ある女子生徒が理学部に行って科学者になりたいと言ったところ、親からも先生からも止められたという。理由は、理学部なんかに行っても就職ないから、という。理学部に行って大学院に進んだ人たちが就職難に直面していることが、中高生まで知れ渡ってきたのだ。

「高学歴ワーキングプア」の先に……

高学歴ワーキングプアという言葉が広く知られるようになった。ただ、博士は大変だね、かわいそうだね、という話で終わりがちだ。博士の就職難を博士たち自身の生き方の問題だけとして考えるのは甘い。

これは、日本の科学・技術にとって、いや日本の将来にとってヤバい事態だと言わざるを得ない。最悪の悪循環の引き金が引かれたかもしれないのだ。

博士の就職難を見て、優秀な学生が博士課程に行かなくなる。これを見て、高校生が理工系に進学しなくなる。ますます優秀な人材が科学・技術の研究をしなくなる。この先は……

ノーベル賞の受賞で浮かれている間にも、確実に日本の科学・技術が崩壊し始めているのだ。それに気がついている人はまだ少ない……

1 博士(はくし)が100人いるむら http://www.geocities.jp/dondokodon41412002/

2 神前悠太、新開進一、唯乃博『学歴ロンダリング 楽して東大卒の学歴を手に入れる方法教えます』光文社 2008年

3 北垣郁雄、赤堀侃司『科学技術時代の教育』ミネルヴァ書房 2007年

4 日経BTJジャーナル 2007年7月号

5 若手研究者の就職難と劣悪な待遇の解決のための公開シンポジウム(2008年2月2日)での発言。

6 科学技術人材のキャリアパス多様化促進事業連絡協議会(第2回)議事録

7　文部科学省科学技術・学術審議会人材委員会（第33回）資料

8　『エコノミスト』２００８年9月23日号

9　サイエンス・コミュニケーション・ニュース　２００８年5月19日号
http://archive.mag2.com/0000116394/20080519061000000.html

10　毎日コミュニケーションズ「２００９年卒者新卒採用における人材ニーズ調査（理工系）結果報告」
http://job.mynavi.jp/conts/saponet/release/needs/rikou/2008/index.html

11　『精神科』　２００３年5月号

12　『朝日新聞』　２００７年5月22日付

13　国立教育政策研究所、日本物理学キャリア支援センター編『ポストドクター問題―科学技術人材のキャリア形成と展望』世界思想社　２００９年

Column 1

博士とは

ここまで読んできたみなさんに質問。そもそも博士ってなんて読むかご存じだろうか。はかせ？　はくし？

インターネットの辞典ウィキペディアによると、博士ははくしと読むのが正しい。日本の博士は、学校教育法（一〇四条）という法律によって定められている。大学院の課程を修了した者に与えられる学位のことだ。

大学院には修士課程と博士課程の2種類がある。修士課程に2年間通ったのち、修士号という学位を取得する。修士号を取得した者が入学できるのが博士課程だ。修士課程は大学によっては博士前期課程、博士課程は博士後期課程と呼ばれたりする。通う期間は、修士2年間、博士3年間（医学部、歯学部、獣医学部は4年間）である。学位が取得できなければ留年し、もっと長く在籍することになる。私の知り合いで、博士課程に6年間通った人がいた。

大学院の入り方は、大学の入学の仕方とまったく異なっている。大学院の入学は、どの研究室に入るかを選ぶことが基本なのだ。偏差値もあまり関係ない。今所属している大学の大学院に進む必要もないのだ。選択肢はそれこそ世界中にある。

研究室決めはなかなか大変だ。

簡単に探し切れるものではないから、どうしても身近な研究室に目が行ってしまう。自分が所属している大学だと、先輩もいるから、様々な情報が入る。

入学試験の倍率自体は低い。というのも、多くの大学で、大学の学部の定員より、大学院の定員のほうが多いからだ。東京大学では学部定員の2倍に達する。昔はもっと定員は少なかった。これがいわゆる「大学院重点化」の効果だ。

受験とは言っても、大学入試のときのように、全国一斉に行うことはない。大学院の研究科（大学の学部に相当する組織）単位で試験が行われるので、試験日が異なれば、同じ大学の大学院を複数受けることができる。数校受けることもできるし、2次募集を行う大学院もあるから、たいていどこかには引っかかる。だから、大学入試のときに入れなかった、いわゆる偏差値の高い大学の大学院に入ることも十分可能だ。こうしたことは「学歴ロンダリング」と呼ばれることもある。最終学歴を書き換えてしまう、というわけだ。

第2章　博士はこうして余った

始まりは戦後

1章で、1991年の大学院生倍増計画で大学院生の数が増えたことが、博士やポスドクの就職難の原因だと書いた。しかし、気がつかれただろうか。

1993年から2000年までの9年間に大学院生の数が倍以上になったことは間違いないのだが、よく見ると、それ以前にも大学院生の数は倍増しているのだ。1960年から80年までの20年間に、博士課程の大学院生の人数は倍になっている。このことを考えないで、最近の博士の増加のみを語るだけでは、問題の本質は見えてこない。

そこで、やや遠回りだが、過去にさかのぼって問題の源流をみてみたい。まずは時計の針を終戦直後まで戻そう。

大学院は1918年の大学令により設置されたものの、明確なカリキュラムがあったわけではなく、「就職するための待機機関にすぎなかった」という(1)。

戦後の1947年、学校教育基本法が制定され、1953年には国立大学に新制の大学院制度が創設された。これは、アメリカの大学院の仕組みにならった研究者養成の制度で、これにより研究者養成が本格化したのだ。

この時代にも、職がなく高校の教員などをしながら、大学のポストが空くのを待つ人たちがいた。1950年代後半には、素粒子論の科学者が、今後就職難に陥るのではないかという予測を出したが、次第にこうした声は聞かれなくなった。

理由は「理工系ブーム」。戦争の荒廃は過去のものとなり、次第に経済は復興してきたが、それとともに、理工系の人材難が深刻化していったのだ。

「今日ほど、科学技術者の教育が国民的規模において関心の持たれたことは、かつてなかったことである。とくに、電気・機械・化学など重工業、化学工業部門の技術者不足が、産業界から強く叫ばれている。現在、理工科のすぐれた大学卒業者を確保するためには、各企業とも並々ならぬ努力を必要とする状態で、一流の大企業に比して給与や身分についての条件が劣るところでは、すぐれた科学技術者の採用が悩みとさえなっている。」

こう述べたのは、1958年の科学技術白書だ。人材不足が深刻な状況であることがよく分かる。

この当時の予想では、1960年代になんと17万人もの理工系出身者の供給が不足するという。こうした需要増に応えるべく、理工系の学生の増員計画が立てられた。まず1957年、文部省（当時）は「科学技術者養成拡充計画」を発表。翌1958年から60年の間に理工系学生を8000人増員することになった。

1960年のいわゆる「国民所得倍増計画」では、この計画が拡大され、1961年から63年の2年間に2万人の学生を増やすことになった。

17万人不足するのに2万人？　ちょっと？な計画だったが、文部科学省が私立大学の理工学部に学生経費の半分を補助するなど、私立大学が理工系学部を作るハードルを下げることにより、計画以上の定員増が達成された。理工系学部の定員は、1963年には4万人、1970年には6万人に達した。

これと同時に、大学院への要求も高まってきた。大学には人材を教育し、社会に送り出すことが求められており、人材を育成する教員の質および量の増加のため、大学院の定員を増やすことが求められたのだ。

当時の大学院は定員も少なく、定員に対する学生の率も少なかった。というのも、学部卒業時点で人材は引く手あまただったため、わざわざ大学院に行く学生が少なかったのだ。

１９５８年の理学の博士課程の定員充足率は81％、工学に至ってはわずか21％。この３年後の１９６１年にはそれぞれ90％、36％と増えるのだが、まだまだ足りない状態だった。

余り始めた博士――１９７０年代

ところがその10年後。博士は余っていた。

１９７２年３月25日の朝日新聞にこんな見出しの記事が出た。

「大学院は出たけれど!!　増える博士浪人　企業も敬遠」

記事によれば、１９７０年時点には、博士課程修了後無給の研究者として大学に残っている者が２６１２人もいたという。これは博士課程修了者の４人に１人にもなる。なぜこんなことになったのか。

1963年から68年の5年間に、博士課程の学生は2倍に増えた。増えた大学院生の多くは、造設、新設された大学の教員となり巣立っていった。

ところが、1960年代後半以降、理工系学部の増員率は鈍化する。確かに増えてはいたのだが、以前ほどではなくなった。増えた大学院生を吸収するには少なすぎたのだ。

では、景気のいい企業が博士を採用したのか。


博士はいらないというのではない。大変な勉強家だし、企業としても専門を生かす仕事を用意しなくてはならない。だが、現状ではご本人の希望と会社の希望とがなかなかぴったり合わないので……


日立製作所は朝日新聞の取材にこう答えている(1972年4月12日)。また、いまさら企業と言われても困る、といった声も聞かれた。

1960年代、企業は中央研究所を作って、競って基礎研究を行い始めた。これは中央研究所ブームとさえ言われた（１９６４年科学技術白書）。ここに一部の博士が就職したがそれでも足りない。

大学の教員にもなれない。企業も採用を増やさない。となれば、余るのは必至。どこかで聞いた話ではないか。しかし、これは今から40年近く前のことなのだ。

この時期、「オーバードクター（ＯＤ）」なる言葉が登場する。これはいわゆる和製英語なのだが、以下のように定義されている。

「大学院博士課程に三年以上在学した後、就職の意志を持ちながら、定職が得られないいま研究を続けている人たち」

ＯＤの出現に、京都大学でははやくも１９６０年代後半に、「オーバー・ドクター等問題検討委員会」が大学内に設置され、ＯＤの調査が行われている。このままでは日本の科学は衰退する、そんな声が聞かれ始めたのだが……

社会問題化する博士浪人

しかし、問題は解決しなかった。いや、悪化してしまった。1974年の第一次オイルショック、79年のオイルショックの直撃を受け、高度成長期は終わった。これが追い打ちをかける。景気の良かった理工系の学部生の就職でさえ厳しくなり、博士の行き先は失われた。博士の就職難が一層深刻化したのだ。

ODは1980年代前半には3500人を超え、大学内の問題にとどまらず、新聞や雑誌などでも盛んに取り上げられるようになった。この時期の報道を見てみよう。

「九州地区、就職難で〝博士浪人〟――あかぬ教職ポスト、アルバイトして研究続ける」(1980年8月4日　日本経済新聞)

「博士さん、出るに出られぬ〝かごの鳥〟――大学居残り増える」(1981年4月9日

日本経済新聞）

「博士になったけれど定職ないオーバードクター、年収85万・アルバイトに夜警──初の実態調査」（朝日新聞　1981年7月22日）

「社会が怖い？　博士浪人いぜん1400人、留年も2500人──文部省調べ」（1983年4月21日　日本経済新聞）

なんとこの当時、ODがテレビのクイズ番組の問題になったという(2)。

動き出した博士たち

こうした状況に、博士課程の学生やOD自身も黙ってはいなかった。さすが学園紛争冷めやらぬ時期だ。1960年代後半に、京大の素粒子物理の科学者を中心に始まったOD

問題解決に対する運動は、1970年代に大学や分野を超えて広がっていった。

こうした取り組みは政治を動かし、国会でも議論された。

政府はOD問題は大した問題ではないと述べ、大学もOD問題解決に及び腰で、問題だと理解するけれど、対応に苦慮するとの姿勢だった。

これではらちがあかないと、1980年には「OD問題の解決をめざす若手研究者団体連絡会（以下連絡会）が設立された。この組織を中心に、OD問題に関する調査、研究や集会や提言、出版などが行われ、幅広い運動が展開された。

連絡会は「オーバードクター問題の解決を目指して」（通称ODパンフ）を発行。大学関係者から国会議員、マスコミに至るまで配布した。発行部数は1万部を超えたという。ODへのアンケートをもとに、1981年には「オーバードクター白書」が発行された。

このとき、とくに問題となったのが、研究者の年齢構成がアンバランスになり、将来深刻な研究者不足に陥るのではないかという点だ。京都大学の青木謙一氏が計算したところでは、当時のままの年齢構成でいけば、2010年ごろには研究者に大きな世代間ギャップができることが分かった。

　１９８３年には「オーバードクター白書─学術体制への警告」（青木書店）が刊行され、運動は頂点に達した。科学者の「国会」である日本学術会議から、この問題の解決に対する要望や勧告が出された。また本物の国会でも盛んに議論された。とくに、１９８０年から１９８４年の４年間には、21回も取り上げられたのだ。

ＯＤ問題解決の「秘策」はポスドクにあり

　就職難に陥ったＯＤたちが何を望んだのか。もちろん、大学や研究機関の定員の増員なのだが、もう１つ望んだことがあった。それはポストドクトラルフェローシップ制度、いわゆるポスドクの充実だ。

　え？　ポスドクは当事者が望んだの？

　今考えるとちょっと変な感じがするが、理由はこうだ。

　ＯＤは身分も不安定で、給料もなく貧しい暮らしをしている。そんなＯＤたちに、せめて常勤のポストが得られるまで、身分と給料を保証してくれないか、というわけだ。

確かに、まったく身分のないODよりポスドクのほうが何倍もましだ。今でも時々、当時のODを経験した人たちに、「今のポスドクはお金をもらえているのだからいいじゃない」と言われるが、まあ、分からないではない。

こうした当事者の声は、文部省の学術審議会の答申「学術研究体制改善のための基本的施策について」（1984年）につながる。この答申でポストドクトラルフェローシップ制度の導入が提言された。

これに基づき、1985年、「日本学術振興会特別研究員制度」、通称「学振（ガクシン）」が誕生する。2009年暮れの「事業仕分け」でやり玉に挙がったあの制度だ。

この制度の原型は、1958年に設置された、日本学術振興会奨励研究員制度だ。1983年当時、月額11万円の奨励金を300人に配っていたという(3)。これが発展したのが学振だ。

開始当初は、博士号取得者と2年目以降の博士課程の大学院生に研究奨励金（博士号取得者が19万円、大学院生が11万円）を支給すると同時に年間100万円の科学研究費も支給された。

１７６人で始まったこの制度、翌年には４２０人と倍以上になり、その後順調に増えていった。ただ、この時期、ＯＤは４０００人近くいたので、まだまだ焼け石に水程度ではあったと言えるが。

この時期、学振のほかにも同じような制度が導入された。１９８１年には創造科学推進事業（ＥＲＡＴＯ）が、１９８６年には理化学研究所の国際フロンティアシステムが、１９８９年には、理化学研究所の基礎科学特別研究員制度が始まっている。

バブル――ＯＤ問題の解消

こうして80年代後半を迎えるのだが、このころになると、ＯＤ問題があまり騒がれなくなってくる。特別研究員制度ができたのは、問題解決に少しは役立ったと思うが、それだけでは博士が全員就職できるはずはない。

２つ理由があると言われている。その１つは、いわゆる「バブル」だ。

１９８０年代後半、バブル経済による好景気の余波は理工系出身者の進路に大きな影響を与えた。今からみると信じられないかもしれないが、理工系出身者の製造業離れが話題になったくらいで、様々な業界が人手不足に陥ったのだ。その余波がＯＤにもやってきた。バブル絶頂期の１９８９年、科学技術白書にはこんなことが書かれた。

現在我が国の経済は、力強い上昇過程にあり、これに伴い研究者・技術者の需要が増大し、その不足も目立ってきている。今後、長期的にもこのような研究者・技術者不足の傾向は続くものと思われる。

こうしたいわば「イケイケ」な状態の中、ＯＤ、博士号取得者が次々と民間企業に就職していった。

博士課程修了者の大学教員への就職の割合は、昭和50年度の56％から平成元年度には39％に低下している。これらの状況は、大学と民間企業との待遇の差、民間企業の研

図15　1988年時点での研究者数の将来予測値

（単位：1000 人）

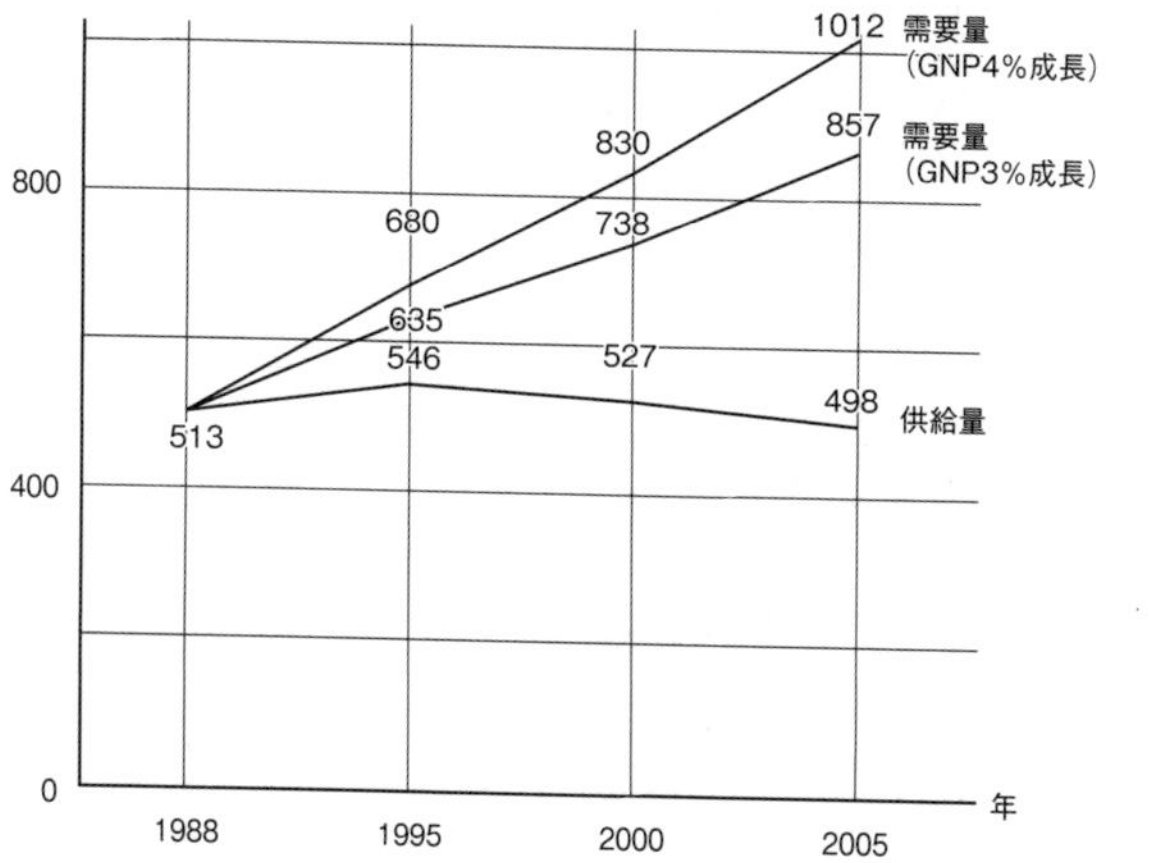

出典：科学技術庁委託調査　(財)未来工学研究所「基礎的・先導的科学技術推進のための研究人材に関する調査(平成２年３月)」(平成３年度 科学技術白書より)

究所における研究条件の向上や基礎的な研究重視の傾向などの影響によるものとも考えられる（平成3年度　我が国の文教政策）。

もう一つの大きな理由は、第2次ベビーブーム世代の大学入学による大学の定員増だ。定員を増やせば教員も増やさなければならない。教員の需要が高まった。さらに、この時期、戦後直後に多数採用された教員たちが定年に差し掛かった。こうしたことが、教員の需要増をもたらしたのだ。

このように、大学教員の需要が増えたこと、そして社会でも博士に対する需要が高まったことなどが、OD問題を見えなくしてしまった。1990年代初頭に書かれた本にも「OD問題は過去のものである」といった記述がみられたくらいだ(4)。

実際はまだODは存在していたのだが（実は今でもODはいる）、博士課程修了者の数が増えたので、ODになる率は減ったのだ。このころには、OD問題に対する大学院生やOD自身の取り組みも立ち消えになってしまったようだ。「OD問題の解決をめざす若手研究者団体連絡会」が1990年代以降どのような活動をしたのか、記録は残っていない。

再び大学院生倍増

現行の大学院は、1951年以降、新制大学の創設に伴い設置された。先に述べたように、1960年以降、主に工学系の修士を中心に理工系の大学院が拡大されたが、大学院独自の施設、教員がほとんど手当てされなかったという。

こうした中、大学院を大学の基幹的組織として位置づけるべきと考えられるようになってきた。

1988年、文部省大学審議会答申「大学院制度の弾力化について」が公表される。この答申では、大学院はもはや研究者養成のために存在するのではなく、社会で活躍する人材を生み出すところだとし、学部を持たない独立大学院や、社会人の受け入れを含め、大学院を拡充することを求めた。

そして、1991年5月に答申「大学院の設備充実について」、同年11月に答申「大学院の量的整備について」が発表される。前者では、大学院スタッフの充実が、後者では、2000年までに大学院生を倍増させるという目標が設定される。これが今では諸悪の根源のように言われる大学院倍増だが、バブルにより人材難が叫ばれていた当時としてみれば、必要だと考えられたのも分からないではない。

また、1980年代後半の「基礎研究ただ乗り」批判も大きな影響を与えている。バブル期、日本の製造業の勢いに押されたアメリカから、こんな声が上がってきた。「日本は無料で入手できる基礎研究はすべてアメリカに負いながら、その上に乗って商品開発の面にのみ力を注いで儲けている。知的所有権はアメリカにあるのだから、応分の費用をアメリカに払うべきである(1)」

こうした声に押され、日本は政府の研究投資の拡充や外国人研究者の受け入れ増加などに取り組むことになった。

アメリカや諸外国と人材が交流するようになると、ある問題が生じる。大学院や学位の制度が異なっていると、人材の処遇などが困るのだ。アメリカでは、博士を持った人材はそれなりの処遇を要求する。ところが日本では、博士は少なく、アドバンテージがない。

それでは困る、ちゃんと世界水準にあわせた処遇をしろ、と要求されたのだ。

つまり博士や大学院にも「グローバリゼーション」の波が訪れたということだ。博士号取得者数を国際水準に高めないと、ちゃんとした処遇は望めない。これも大学院生を増やす動機の1つとなった。

また、マイナス（ゼロ）シーリング（予算が増えない処置）のため、国立大学の施設、設備が劣化していった。また研究費不足が慢性化するといった事態も生じていた。打開するために、センターオブエクセレンス（COE：研究拠点）の育成が政策的課題になった。このためにも大学院を拡充することが必要だったのだ。


こうして大学院の拡充が決まったわけだが、問題があった。大学院生の増加に施設整備が対応しておらず、大学院生が増えれば増えるほど、研究・教育スペースが狭隘化していくことになる。

この状況を打破するために、東大では、今までは学部所属だった教員を、大学院所属に移すことにした。教員1人あたりの学生定員が大学院の教員のほうが多いので、人数に見合ったお金が入るからだ。

そして、助手より教授、助教授のほうが、国から研究成果にかかわらずもらえるお金である基盤校費の額が大きいため、助手の定員が減らされ、助教授や教授が増やされた。これにより、基盤校費の増加と大学院生の増加を同時に達成することができた。これは「アップシフト」と呼ばれた。

これがいわゆる大学院重点化だ。大学の教授は、○○大学教授という肩書きではなく、○○大学大学院教授と呼ばれるようになったのは、こうした理由からだ。

ポスドク1万人計画の誕生

大学院生が増え、助手が減るという激変の中、もう1つ大きな出来事が起こる。科学技術基本法の誕生だ。

科学技術基本法は、1960年に政府の科学技術会議が出した答申、「10年後を目標とする科学技術振興の総合的基本方策について」（通称科学技術10年計画）で提案されたが、その後立ち消えになっていた。それを1990年代半ばに復活させ、制定された。これには自民党の尾身幸次衆議院議員（当時）の働きが大きな役割を果たしたという。1995年11月に成立した。

科学技術基本法は、国の科学技術振興の方針などを決める法律で、5年ごとに科学技術基本計画を策定することが定められている。1996年から始まる第1期科学技術基本計画に、いわくつきの「ポストドクター等1万人支援計画」が盛り込まれた。

> 若手研究者層の養成、拡充等を図る「ポストドクター等1万人支援計画」を平成12年度までに達成するなどの施策により、支援の充実を図る。また、その研究歴を常勤研究者と同等に評価するなど、引き続き適切に取り扱うよう努めるとともに、産業界における処遇の改善を期待しつつ、博士課程修了者に対する評価の定着と併せて、我が国における研究者のキャリア・パスとしてのポストドクトラル制度の整備・確立を図る。（第1期科学技術基本計画より）

この計画は順調に実施された。支援されるポスドクは2000年には1万人を突破。目標以上の成果を上げた。

必要だけど余る——ポスドクのパラドックス

当時自民党の幹事長だった加藤紘一衆議院議員によると、この計画のきっかけは、当時東大の総長だった吉川寛氏の提案だった。

吉川氏はODを救うために提案してきたという(5)。本来ならばODになってしまう者に資金を提供することによって、ポスドクを「武者修行の場」、つまり研究のレベルアップを図るためのキャリアにしたいとの考えからだ。

また、助手が少なくなって疲弊する研究現場に働き手を送り込むことも意図していたという。研究者が申請して自ら獲得する競争的資金でポスドクを雇用できれば、研究施設があるけれど研究する人がいない、という状況を改善することができるからだ。

なぜ1万人なのか。吉川氏によると、以下のような概算を考えて導き出したという(6)。OECDによると、日本には大学などにいる専従研究者は、任期付きも含め18万人。研究者は30年仕事をするとして、武者修行期間として3年くらいが適当と考える。そう考えると、18万人の10分の1、1万8000人くらいは任期付き研究者として存在することができる。うち7000人くらいは、いずれ常勤職に就くことが約束されている職(テニュア・トラック)だとすると、約1万人は、競争的資金によって短期雇用で雇っても、やがて大学などに常勤職を見つけることができることになる。

こうして吉川氏は、競争的資金によって若手研究者を雇用することとセットで「ポスドク1万人計画」を提案し、それが第1期科学技術基本計画に取り入れられた。

競争的資金による任期付きの研究員であるポスドクは、定員を簡単に増やせない大学や研究機関にとって、研究現場を支える重要な戦力として必要不可欠な存在なのだ。

その後ポスドクは増え続け、今や1万8000人に達した。それは当然だ。不況下でも日本の研究費はどんどん増加し、それに伴い競争的資金も増えているからだ。装置を操り、成果を出すためには人を雇うしかない。ポスドクがどんどん増えるわけだ。

しかし、少子化などの影響で、常勤科学者の数は増えていない。当然そうなれば、任期付きの職にとどまる時間も長くなっていく。常勤職はますます遠くなる。

ポスドクは必要だけれど、ポスドクの先はない、いわばパラドックスのような状況は、こうして生まれたのだ。

予測された「博士余り」

１９９０年ごろの予想では、科学者は不足するものと考えられていた。１９９４年に行われた、２０１０年までの科学者の供給見通し研究でも、科学者不足が予測されていた(7)。ところが、１９９８年には、博士号取得者の就職難が予想されている。わずか４年の間に状況は大きく変化したのだ。文部省（当時）大学審議会　大学院部会の第１０８回会議に呼ばれた小林信一氏は、以下のような発言をしている。

博士課程では、雇用機会が12、000人から13、000人であるのに対し、現在の進学動向からすると、博士の修了者は18、000人前後となり供給過剰となるという結果である。

分野別に見ると、修士課程では理工農系で供給不足、人文社会系ではトントン。博士課程では理工系、文科系ともに供給過剰になる。博士課程の供給過剰はつまるところ大学・短大の教員市場が拡大しないことに起因している。従来通りの進路をめざしている限り供給過剰に陥る危険性があるということである。


でも、どうしてそれが分かっていながら、博士課程の定員を減らそうという動きが起こらなかったのだろう。

一度増やした定員を減らすことが認められていなかったのは大きい。

また、文部科学省は「定員充足率」つまり、定員に見合う入学者がいることを評価の対象としてきた。定員が減れば、国から大学に入る予算が減らされるといった罰も使いながら。大学教員も、博士の就職難を知っていながら、利用したのだ。利用せざるを得なかったのかもしれない。

現在の大学院は定員補充率を高める圧力に晒され、院生集めに懸命になり、大学院が終われば、任期付き雇用という不安定なポストを工面して、当てのないチャンスを待たせているのが現状である(8)。

大学教員からは反省の声も聞かれる。朝日新聞の取材に対し、故戸塚洋二・東大特別栄誉教授は「指導教員は、学生の就職先にまで責任を持てないなら入れるべきではなかった」と嘆き、高部英明・大阪大教授も「ほとんどの大学人は今の事態をうすうす承知しながら、表だって反対してこなかった」と述べた(9)。

こうして歴史をみてみると、人材が足りない↓増やす↓余る↓問題化の繰り返しということが分かる。OD問題のときはうやむやになってしまったが、もうベビーブームという「ボーナス」はない。もはやごまかしはきかないのだ。

科学者に当事者意識はあるか

しかし、一部に反省の弁が聞かれるものの、それは多数派ではない。

事業仕分けに抗議するために開かれた集会をｔｗｉｔｔｅｒの中継で聞いていたのだが、驚いたことがあった。ある大学教授がこんなことを言ったのだ。

「ポスドク問題は政府が考えること」

これを聞いて、かなりがっかりしてしまった。

これと同じような発言は、ウェブ上や書籍を漁ればすぐ発見できる。

「ボンクラめ」

「能力低い」

「職がなくて当然だ」

「自業自得」

いったい何言っているのだろう。曲がりなりにも教育機関を名乗り、学生の時間と金と労力を費やしている機関の人間が、自分たちが教育した人材に対して、どうして他人事のように揶揄することができるのか。

あるシンポジウムの場で、同席した著名な大学教授が、最近の大学院生はレベルが低いという発言をしたとき、思わず反論してしまった。「あなたたちに責任はないんですか？」と。

自分たちがトレーニングした博士が、社会の中で低い評価を得ていることに、どうして憤らないのか。博士を売り込まないのか。博士の声を代弁しないのか。能力が低いと言うのなら、高めようとしないのか。博士と話し合わないのか。もう大学院博士課程は、科学者になる人だけを養成する機関じゃない。むしろ社会に出る方が多数派だ。なのに大学関係者の意識は変わっていない。

博士の21世紀

さすがに政府も博士の置かれた状況を問題として認識したようで、21世紀に入り、博士の就職問題に様々な対策を立ててきた。

2001年からの第2期基本計画では、ポスドク1万人計画を評価しつつも、課題が残ったと述べられた。

この時点で、政府は政策の転換をはかり、明確に、「多様なキャリアパス」と言い始めた。つまり、もはや博士やポスドクは大学などの研究職に就くだけでなく、様々な職業に進出するべきで、それを政府も支援しますよ、ということだ。


この時期、ポスドクに関する様々な調査、研究が開始された。本書でもたびたび引用している科学技術政策研究所のポスドク、博士号取得者に関する調査が始まったのは2003年だ(10)。文部科学省も科学技術・学術審議会・人材委員会で議論を始め、3つの提言を発表している(11)。

2003年から2004年にかけて、科学技術振興調整費によって産業技術総合研究所(産総研)、技術と社会研究センターが行った調査研究、「研究者のノンアカデミック・キャリアパス」(12)には、私や私の仲間たちも加わり、「ノンアカデミック」な進路、つまり「科学技術の教育やアウトリーチ、科学ジャーナリズム、科学技術政策、研究プログラムの運営、企業や研究機関における研究開発の企画・管理等」を研究者の進路として考えられるかどうかを、国内のポスドクの状況や、諸外国の状況を調査し、提言を行った。

第3期科学技術基本計画　多様なキャリアパスの支援へ

2006年からの第3期科学技術基本計画では、ポスドク支援をすべきと明確に述べられ、これを受けて、2006年から「科学技術関係人材のキャリアパス多様化促進事業」が始まった。

この事業は、ポストドクターや博士が、研究職以外の多彩な進路を選ぶことを支援するためのガイダンスや情報発信といった事業を行う大学、学会、研究機関などにお金を配分するというものだ。

予算が与えられるのは3年間。最初の年は北海道大学、東北大学、理化学研究所、早稲田大学、名古屋大学、大阪大学、山口大学、九州大学の8機関が、次の年には産業技術総合研究所（産総研）、日本物理学会、東京農工大、京都大学の4機関が選ばれた。

しかし、いっけん順調そうなこの事業には批判も多い。

まず、2006年に始まったとき、概算要求で7億円を計上したが、半額に減額されてしまった。はじまりからケチがついた形だ。

2008年には、自民党の「無駄遣い撲滅チーム」がこの事業を「棚卸し」した。すでに述べたように、評価は散々だった(13)。

持参金500万円？

「ポスドクを採用した企業に500万円？」

2009年5月、こんなニュースが駆け巡った。この事業は「高度研究人材活用促進事業」。2009年度の補正予算で実施された(14)。ポスドクを雇用した企業に480万円の支援金を与えるという内容で、「民間企業の研究開発等の活性化・高度化を図るため、ポストドクターを雇用し、その専門的能力・知識を活用し、その専門的能力・知識を積極的に活用する企業等を支援するとともに、ポストドクターから民間企業へのキャリアパス形成促進」することが目的だという。

ウェブ上ではこのニュースに驚きと失望の声が広がった。最も失望を表したのは、実はポスドクや博士自身だった。長い時間をかけてようやく博士になり、ポスドクになったのに、500万円も「持参金」をつけなければ雇ってくれる企業がないのかという失望だ。そんなに博士には価値がないのか……厄介者なのか……

他にも、対象人数が少なすぎて焼け石に水、すでにポスドクを採用している企業がこの事業を利用するだけで、ポスドクの採用が広がるはずがないといった批判が渦巻いた。

実際、この事業はうまくいっていないようだ。読売新聞の記事によると(15)、28社がこの事業に採用され、23社、29人のポスドク採用が決まったが、目標の40人には満たず、辞退した1社を除いた4社は募集期間を延長したという。

「持参金」を持たせても、企業は人を採用しないということだ。記事によれば、この事業を実施した科学技術振興機構の担当者は「景気悪化の影響も考えられるが、企業が求める専門的な知識や技能と、ポスドクの能力がぴったり合うケースが少ない」と答えている。結局「持参金」は企業がポスドクを積極的に採用する動機にはならなかったようだ。人材は募集しても、ぴったり合った人がいない、つまりミスマッチという側面が大きいのだ。

博士の完全雇用

２００９年暮れに発表された政府の新成長戦略の基本指針。成長のための６つの戦略分野の中に、環境、健康、アジア経済、観光、雇用対策と並んで科学・技術も成長のための重点項目として取り上げられた。その中に、２０２０年までに達成を目指す目標として、こんなことが書き込まれた。

「理工系博士課程修了者の完全雇用を達成することを目指す」

博士の就職問題が成長戦略になったのだ。

この成長戦略に基づき、政府が動き出している。２０１０年7月6日付の毎日新聞（ウェブ）によると、経済産業省と文部科学省が大企業の人事担当役員と大学の学長らを集めた会議を開き、産学連携で人材開発の方法を議論。雇用増のための行動計画を立て、政府は奨学制度の充実などの支援を行うという。

このように、理工系博士の就職問題は、政府内で重要課題となっていることが明らかになった。ただ、人文社会科学系の博士は無視されるのか、という声があったことには触れておきたい。

また、2008年に自民、公明、民主の3党の共同提案により成立した「研究開発力強化法」にも、ポスドク、博士の就職問題についての記述がある。

各党の主張には具体性に欠けるものが多いとはいえ、今や政府や政党が博士、ポスドクの就職対策を競う時代になったのだ。

博士余りは世界でも

政府が博士の就職問題に対応しているのは、何も日本だけではない(17)。実は諸外国でも博士の就職問題は深刻化している。

理工系人材の需要増は、多少時期は違えど、全世界で高まった。アメリカでは1950年代、60年代にかけて、中国では、まさに今起こっているというわけだ。これに対応して、理工系の博士が多数生み出された。

だが、アメリカでは1960年代後半から、基礎科学に資金を投資することが経済発展に結び付くのか、という疑問が投げかけられるようになった。いくつかの調査では、基礎科学が実用に結びついていないという研究が発表され、それに拍車をかけた。不況も追い打ちをかけ科学研究予算が削減された。

また、1970年代にアポロ計画が終了し、NASAに勤めていた科学者、技術者が解雇された。こうして大量の博士が就職難に直面することになった(18)。

博士の就職難は、1980年代から90年代にかけても続いた。アメリカの生命科学系科学雑誌、The Scientist誌は、「私たちは科学者を作りすぎた？」と題する記事を掲載している(19)。

この記事によると、1983年に生命科学で博士号を取得した科学者は4777人だったが、2003年には8163人とほぼ倍増したという。これに伴い、ポスドクは1万4000人から3万3000人に増えた。1つの常勤職に200人もの研究者が応募するという。日本に勝るとも劣らない厳しい状況だ。

1963年から64年に博士号を取得した研究者が常勤職に就ける率は、卒業後10年で61%だったのに対し、1985年から86年に博士号を取得した研究者は、卒業後10年経っても38%しか常勤職に就けない。

ただ、問題は職がないことではなく、常勤の研究職に就けないことのようだ。博士号取得者の失業率は、生命科学系で2%に過ぎない。米国では生物医学のPhD取得後に産業界に就職した者が増えており、全体の30パーセントを占めるまでになっているのだ。一方、日本では2005年に民間企業に就職したポスドクはわずか0・2パーセント、人数にして32人にすぎなかった。日米間には大きな違いがある。

政府機関などに就職する博士も日本に比べて多い。アメリカでも民間企業に勤めるのはすんなりいくものではなく、困難を伴うようだが、それでも、日本よりは職のバラエティが広い（図16）。

ただ、ヨーロッパではアメリカほど博士号取得者が民間企業に就職できていないという。韓国でも博士の就職難は深刻だ。韓国では、7万人もの非常勤講師がおり、博士も大量に余っているという。中国でも博士が思い通りの職に就けず、自殺者が出るなど、深刻さが増してきている。ニューズウィーク2007年6月号は「学歴難民クライシス」という特集を組んだ。この中で、世界各地で博士号を取得した人たちが就職難に苦しんでいる様子が描かれた。

こうした状況に、各国政府も対策を立て始めている。

イギリスでは、1996年に「大学契約研究員のためのキャリア・マネジメントの協定」が作られ、それに基づき、大学や研究機関がポスドクのキャリア支援に取り組んでいる。また、「リサーチ・キャリア・イニシアチブ」という機関が、国と英国大学協会の共同で設立され、ポスドクに関する調査研究を行った。今はこの機関はなくなったのだが、その後は研究助成機関の連絡組織がこれを引き継ぎ、活動を行っている。

EUでは2005年に「欧州研究者憲章」が策定された。これは、研究者、大学、研究

図16　日米の博士号取得者の雇用部門別分布

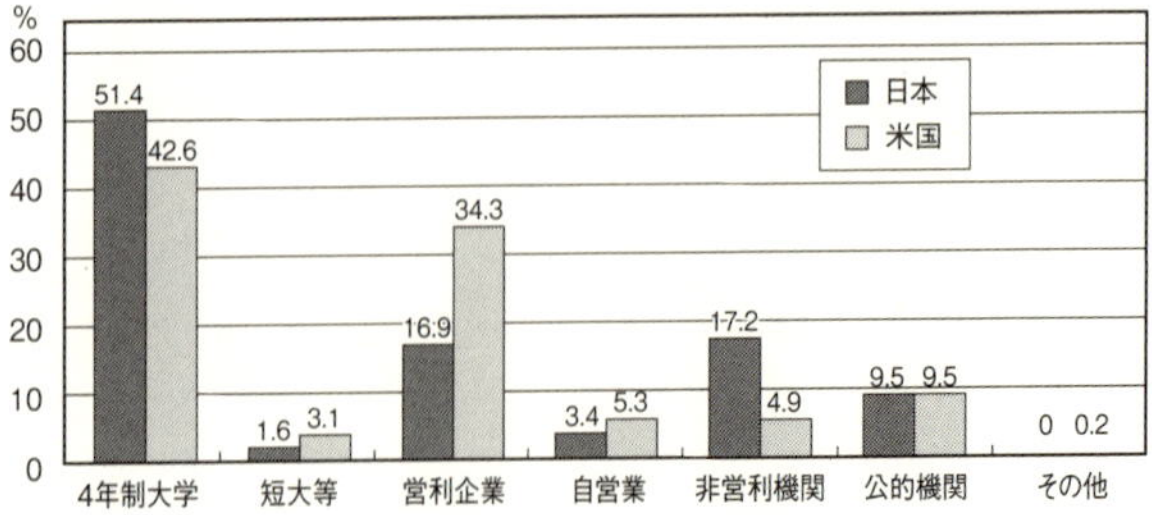

注　産業界の保健医療関係は、「営利企業」「自営業」と回答したものを含め、すべて「非営利機関」に区分

出典：日米の博士号取得者の活動実態に関する調査研究（2004年3月、日本総合研究所）

機関が順守すべき義務や権利を定めたもので、若手研究者を年長の研究者と同様に扱うこと、年長の研究者は若手研究者のキャリアアドバイザーになること、大学や研究機関に若手研究者の処遇改善やキャリア形成、トレーニングの機会を提供することを求めている。

政府に足りないもの

政府の対応を諸外国と比較すると、決して日本だけがこの問題に関心がないというわけではない。各国に大きくはひけをとらない対応をしていると思う。

政府の取り組みは、当事者であるポスドクたちを含め評判がよくない。こうした様々な取り組みは、対象が限られているので、大部分のポスドクは恩恵にあずかれない。

文科省、経産省の取り組みは、それぞれがせいぜい数十人から多くて数百人。1万8000人いるポスドクの就職は解決しない。今まであげてきた、博士の雇用が増えない体制を変えない限り、1000万円かけたってポスドクの就職は増えないのではないだろうか。

また、こういう対策が行われること自体、ポスドク、博士を傷つけていることにならないか。なぜなら、どの事業も、かわいそうな博士を救おう、セーフティネットを作ろうということばかりに熱心で、なんとか就職させようという失業対策にしか見えないからだ。

1 中山茂『科学技術の戦後史』岩波書店 1995年
2 中山伸樹『オーバードクター問題と「研究者市場」』通史日本の科学技術 4 1995年
3 日本科学者会議編『オーバードクター問題―学術体制への警告―』青木書店 1983年
4 バートン・クラーク著 潮木守一訳『大学院教育の研究』東信堂 1999年
5 加藤紘一『新しき日本のかたち』ダイヤモンド社 2005年
6 吉川寛『本格研究』東京大学出版会 2009年
7 研究者の養成確保に関する研究：2010年を目標とした今後約20年の需給予測 http://ir.nul.nagoya-u.ac.jp/dspace/handle/2237/12862
8 潮木守一『職業としての大学教授』中央公論新社 2009年
9 朝日新聞 2007年5月21日
10 最初の調査報告は「博士号取得者の就業構造に関する日米比較の試み‐キャリアパスの多様化を促

進するために」（2003年12月）

11　以下の3つ。
世界トップレベルの研究者の養成を目指して―科学技術・学術審議会第一次提言（2002年）
国際競争力向上のための研究人材の養成・確保を目指して―科学技術・学術審議会人材委員会第二次提言（2003年）
科学技術と社会という視点に立った人材養成を目指して……科学技術・学術審議会人材委員会第三次提言（2004年）

12　http://www.mext.go.jp/b_menu/shingi/gijyutu/gijyutu2/shiryo/05082201/004_3.htm
http://unit.aist.go.jp/ripo/ci/nac/index.html

13　河野太郎議員のウェブサイト　http://www.taro.org/policy/post_3.php

14　http://www.jst.go.jp/rp-acad/

15　YOMIURI ONLINE　2010年3月29日記事

16　http://www.aist.go.jp/aist_j/announce/au2009/au0126/au0126.html

17　小林信一『世界各国のポスドク対策』日本物理学会誌 63 (2), 145-148, 2008-02-05

18　朝日新聞　1980年6月1日

19　Are We Training Too Many Scientists? The scientist Volume 20-Issue 9-p.42

Column 2

研究室という世界

科学者の職場であり、博士が生まれる場でもある研究室という組織について、詳しく説明しよう。研究室には教授1人を中心に、数人のスタッフ（准教授、講師、助教など）、数人から数十人のポスドクや大学院生、学生が所属する。小さな研究室は10人に満たないが、大きな研究室になると、数十人が所属する。

研究室は外からみるとやや分かりにくい。会社で言うと課のようなものにみえるかもしれない。しかし、実態は、研究室は教授を社長にした中小企業のようなものだ。小さい研究室ならば、教授が親、学生が子どもみたいなものだ。人間関係も密だから、いちど関係が崩れると厄介ではある。

教授が研究の大きな方向性を決める。たとえば教授がｉＰＳ細胞の研究をする、という方針を立てたら、スタッフや学生も含め、みなｉＰＳ細胞の研究をしなければならないのだ。もし違う研究をやりたいのなら、別の研究室に異動しなければならない。

ただ、ｉＰＳ細胞の何を研究するのかについては、個々の研究員によってある程度任されている。そこで、スタッフや研究員、大学院生や学生が、研究テーマによってグループを作る。スタッフが研究員を指導し、研究員が大学院生を指導するというような感じに。

グループの作り方にはバリエーションがあり、博士研究員がスタッフと同じようにグループの代表になって、大学院生を指導することもある。教授自身が小さなグループを作って、学生を指導することもある。もっとも、最近の大学教授は忙しいので、監督責任者みたいになっているのが現状だが。

大学や研究機関には、このような研究室が多数ある。研究分野が似ている研究室が集まって、生物学科のような集まりになる。さらに、物理学科や化学科など、異なった研究分野の集まりがさらに大きくまとまって、理学部になる。いろいろな学部が集まって大学になる。

大学や研究機関は一応指揮系統があるような組織に見えるかもしれないが、結局は大学や研究機関は中小企業が集まっただけの組織なのだ。その証拠に、研究室自体が他の大学や研究所に移っていくことは日常だ。私の知っているある研究室は、研究室のメンバー全員を引き連れて外国に行ってしまった。会社じゃ、ある課が独立して、別の会社に行くなんてことはない。

だから、企業のように、1つの方針でみなが右向け右、という風に、同じ目的で動いたりしないのだ。大学や研究機関というのは、テナントに場所を貸しているデパートのようなものだ。だから、運営が難しいのだ。

第3章

「博士が使えない」なんて誰が言った？

この章では、巷で言われる様々な意見を取り上げ、それを1つ1つ丁寧に考えてみたい。どうして放っておいてはいけないのか。きちんと考えたい。それを乗り越えることで、初めて何をどうするかが言えるのだ。

博士問題への厳しい意見①
博士は優秀じゃない？

まず、こんな意見から取り上げよう。

「民間企業は使える人ならどんな金かけても使いますよ。でも、うちの会社で採用された博士は使い物にならなかった。プライドばっかり高くて、頭固いし、コミュニケーションは取れないし。これじゃ博士なんか雇いませんよ。」

民間企業の博士に対する評価は低い。先に触れたように、企業からみた博士は、コミュニケーション能力がなく、プライドが高く、企業に合わない。これでは使えない。もっと優秀な博士が来れば使うのに、というわけだ。

日本経団連は、２００７年の報告書(1)の中で、優秀な人材が博士課程に進学しないので、博士課程の付加価値が不明確になっている。それゆえ企業が博士人材の採用に消極的になっている、これがさらに優秀な博士が博士課程に進学しない現状を生み出している、こういう悪循環が起きていると述べている。

つまり、博士の質が低いから使えないということだ。能力がない、というわけだ。自分たちには責任がありません、と言っているわけだ。

説得力はある。市場原理、つまり金をいかにして生み出すか、という厳しい競争にさらされているのだから、使えないものに投資はできない。その通りだろう。

ただ、それを額面通りに受け取っていいのだろうか。

「博士の質が低い」に対するたったひとつの反論

博士の質が低い、能力が低い、問題解決能力がない……こう言われたときに言うことがある。たった一言。「博士はノーベル賞取ってますけど何か？」

自然科学系のノーベル賞受賞者のほとんどは博士だ。ノーベル賞受賞者は能力ないのか。問題解決能力ないのか。そんなことはないだろう。誰も考えてこなかった問題を見つけ、それを解決した。問題解決能力抜群ではないか。そんな博士もいるのだ。

そりゃ特殊だろう、という反論も聞こえてくる。ならば、企業が普段付き合いのある教授はどうだろうか。みな博士なのではないか。能力のない教授と義理でお付き合いしていとでもいうのか。

もうひとつ例を示そう。そんなに博士の能力が低いなら、博士の教育が悪いのなら、日本の博士など、世界で相手にされていないに違いない。

ところが、博士は世界で通用している。アメリカに渡ったポスドクは、7割以上が日本で博士号を取得している(2)。そんな博士など、まったく通用せず尻尾を巻いて日本に帰ってきているはずだ、と思っている方も多いだろう。

ところがどっこい、「国産」博士号はアメリカで通用している。それが証拠に、日本で博士号を取得したポスドクの多くは、アメリカで働き場所を見つけている。つまり、アメリカで通用しているのだ。

私の所属していた研究室からも、アメリカにポスドクとして渡っていった人が何人もいる。中にはアメリカで研究室を開いた人もいる。

もちろん、すべての博士が通用するわけではないだろう。けれど、それはどの国で博士号を取得したって同じではないのか。優れた人もいればそうでない人もいる。たとえ東大卒だろうと、ハーバード大学卒だろうと、いろいろな人がいるはずだ。それがどうして「博士だから」とひとくくりにされてしまうのだろう。

うちに来る博士にろくなやついない、と言っている人たちは、どうして自分のところには優れた人がこないのだろう、と考えないのか。そこで「博士だからダメ」というのは、優れた人を引き付けることができていない自分たちへの言い訳ではないのか。

もう1つ、反論の材料を提供しよう。

実は今、民間企業に就職する博士の数が増えている(3)。学校基本調査を分析すると、博士課程修了者の民間企業への就職者数、就職率ともに右肩上がりなのだ（図17）。

図17　博士新卒者の企業就職率

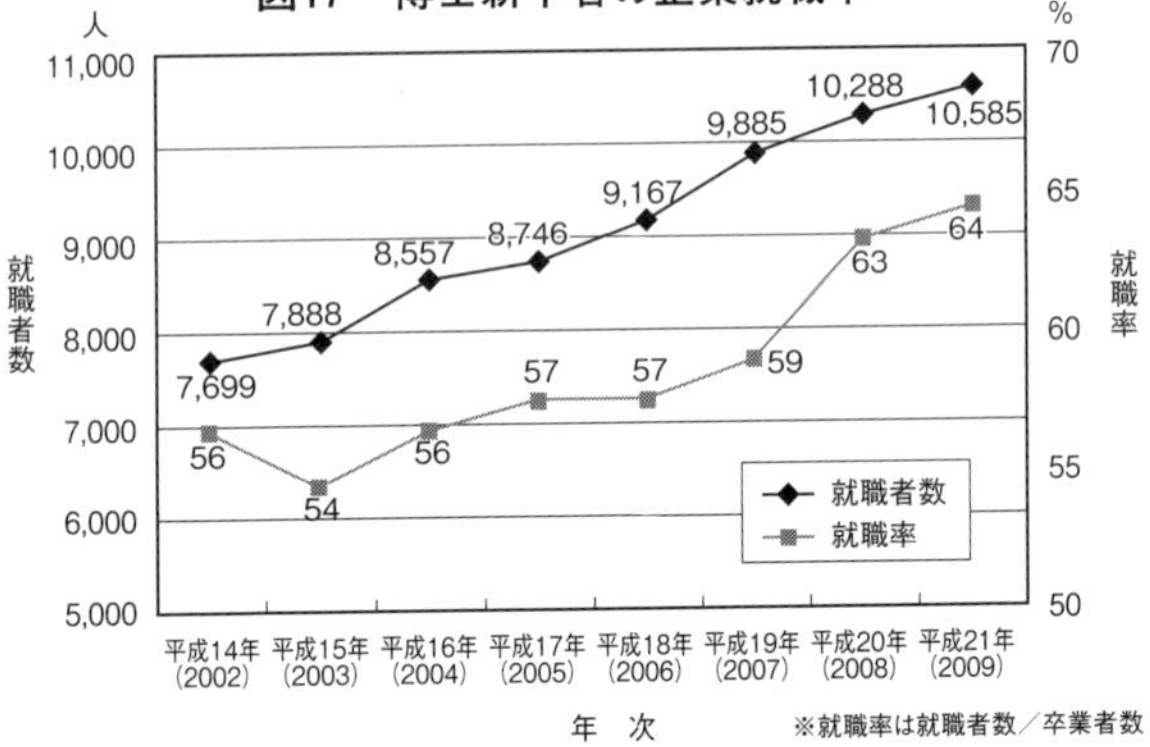

出典：府川伊三郎、百武宏之「産学連携による高度理系人材育成（上）統計から見る博士課程卒業者の就職状況　技術系産業で確実に増加」（産学官連携ジャーナル 2010年10月号）

図18　ポスドクは期待を上回る

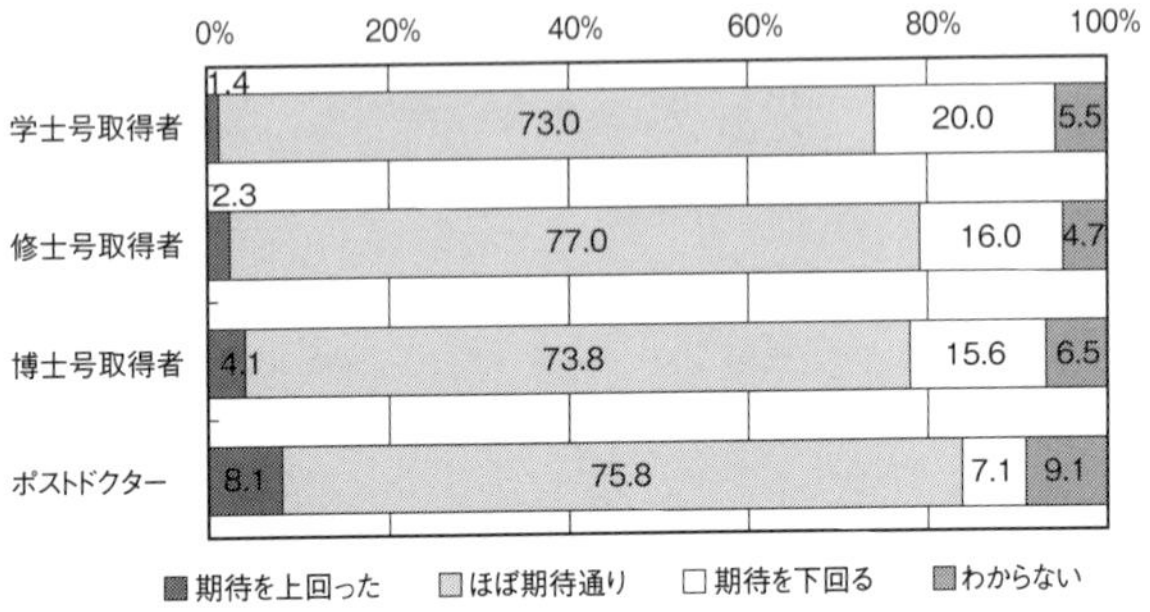

出典：平成19年度民間企業の研究活動に関する調査報告　採用した研究者の能力・資質についての採用後の印象（文部科学省）

ところが、博士を採用する企業は増えていない。

どういうことかと言うと、博士を採用した企業が、博士の能力に満足し、採用数を増やしているのだ（図18）(4)。

日本の大学院がダメだから？

次に、日本の大学院の教育がダメだから、博士は優秀でない、だから博士を採用しない、という批判について考えてみたい。

確かに今の日本の大学院教育には問題があるだろう。

そもそも、博士号といったところで、分野や大学、それどころかどの研究室を出たかによって能力はてんでバラバラだ。医師免許や弁護士の資格とは違って、博士号だけでは何ができるのか分からない。これが「足の裏の米粒、取っても食えないけれど、取らないと気持ち悪い」につながるわけだが、玉石混交、当たり外れがあるという批判は受け止めないといけない（コラム④「博士の質」参照）。

しかし、ここで考えてほしい。大学院が変われば、博士たちが企業などで雇ってもらえるのは本当なのか。

海外の一流の大学院、たとえばハーバード大学やスタンフォード大学で博士号を取った人たちは、日本の企業に積極的に雇われているのだろうか。そんな話聞いたことはない。一部に優先しますよ、という声があることはある。しかし、あくまで一部だ。もし外国の大学院を出ることが就職に有利に働くのなら、多くの人たちが外国に行くだろう。しかしそうはなっていない。

今、日本の学生は内向き志向で、外国の大学院に留学しなくなっているという指摘がある。これは実際データで示されていて、確かに減っているのは事実だ。しかし、それは学生の内向き志向のせいなのか。単純に、外国の大学院に行ったところで、自分のキャリアにとってプラスにならないと考えているだけではないだろうか。

それはともかく、博士が企業に雇われないのは、大学院教育の問題でも、博士の能力の低さでもない原因があると考えるのが自然なのではないか。

博士問題への厳しい意見②
博士のマインドが問題だ

こんなことを言う人もいる。ポスドクや博士は長期的視野での探索的基礎研究や自分の専門分野へのこだわりが強すぎる、研究観や考え方、マインドの修正に手間がかかる、だから即戦力として使えない(5)。

それは理解できる。研究は誰かにやらされるのではなくて、自分の好奇心にしたがってやるのがいちばん楽しい。それは自然なことだ。ただ、これは日本だけの問題ではなく、アメリカでも同様だ。

学術機関から我が社に移籍してきたばかりの科学者は、道路に飛び出してきて車のヘッドライトに照らし出され、身動きができなくなっている鹿のようだ。彼らは自分が置かれている状況を理解することもできない。それまで、厳密なスケジュールに沿って仕事をさせられたことも、仕事の進捗状況を毎週報告させられたことも、プロジェクトミーティングにふらりとやってくるトムやらディックやらハリーやらに自分の仕事を批判されたこともなかったんだから。会社のやり方に慣れるまでには1年か2年はかかる（6）。

カルチャーショックがあるというわけだ。「生き残るのは儲かる科学だけ」ということ。ギャップは大きい。給料は高いくせに何もできない、となってしまう。けれど、アメリカでは博士が雇われている。ドイツなどは、一流企業の社長の半分が博士だという（7）。採用する側も博士だから、博士に抵抗感がないのだ。

マインドの違いは誰にだってある。みなさんも経験あるだろう。学校を卒業して仕事を始めたとき、職場に自分を合わせるのに時間がかかったことを。どんなにすごい学生だろうと、いきなり即戦力にはならない。だから企業は研修を行ったりする。

それはスポーツの世界だって同じだ。

世界的なプレーヤーがチームを移籍しても、すぐには活躍できない。チームメートとの意思疎通が重要だ。それができないと浮いてしまう。

問題は、企業や組織に合わせる時間を待てるか待てないか、合わせるためのコストを誰が払うかだ。日本では、大学卒業生や、修士課程までの大学院修了者には、コストをかけて待ってくれるが、博士は即戦力が要求され、待ってくれない。コストもかけない……

こだわりすぎの博士？

次にこんな意見はどうだろう。

「問題は博士のプライドですよ。プライドが高くて、大学や研究機関の職にこだわりすぎている。だから職が見つからないんですよ。」

確かに、自分自身を振り返っても、企業などに勤めるより、科学者としてやっていきたかった。子どものころからのあこがれを簡単には捨てられなかった。友人たちに聞いても、科学をずっと続けたいと言っている。そりゃ、それで食っていけるのならそれに越したことはない。

ただ、だからと言って、絶対研究者じゃなきゃ嫌だ、と言っているわけではない。文部科学省科学技術政策研究所の調査によると、ポスドクの多くは確かに研究職に就きたいと思っているが、研究職以外の職に就いてもいいと思っている(8・9)。もちろん、こだわる人はいる。でも、それはいつまでも現役でいたいスポーツ選手などと同じで、そういう人もいるよ、という程度でしかないのではないか。そういう人が困難に直面するのは当然だし、本人もその覚悟だろう。

博士問題への厳しい意見③
自己責任だ

こんなことを言う人がいる。

「そんなの放っておくべきだよ。自己責任だ。甘やかす必要ない。」

「好きなことをやっていたのだから自業自得だ。」

「博士号を取っても就職が厳しいのは分かっていたではないか。それを知ってあえて挑戦したのだろう。それをいまさら助けてくださいとは、身勝手すぎて笑っちゃうね……。」

図19 「あなたは民間企業に就職したいと思いますか」に対する答え

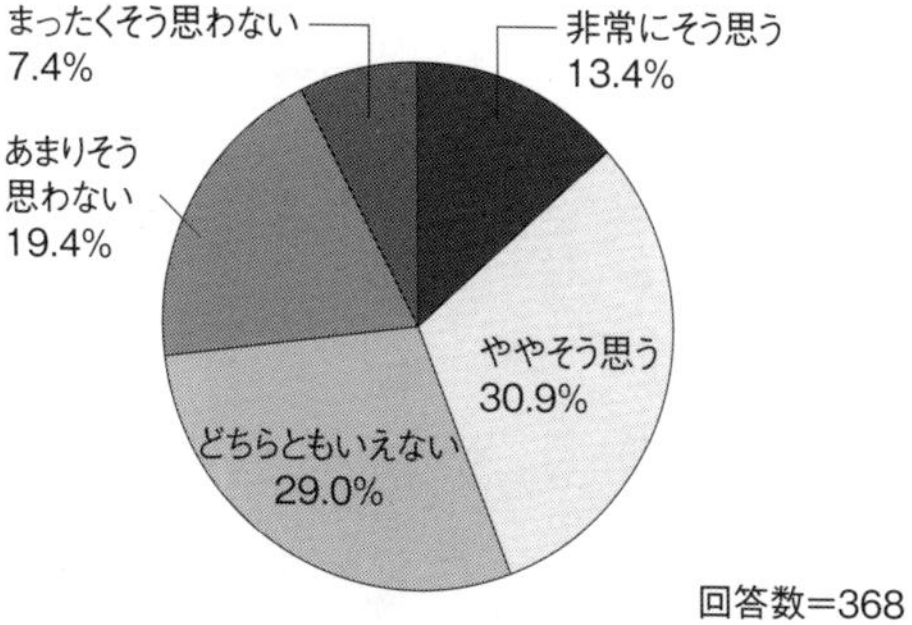

出典：科学技術政策研究所 NISTEP Report: 92
基本計画の達成効果の評価のための調査
科学技術人材の活動実態に関する日米比較分析－博士号取得者のキャリアパス－
科学技術政策研究所、(株)三菱総合研究所「これからの人材育成と研究の活性化のためのアンケート調査(2004年8月)」より作成

痛いとこつかれた……どれももっともだ、と言ってしまいたくなる……

プロスポーツ選手や音楽家も、科学者以上に厳しい競争にさらされる。成功するのは一握り。多くは夢をあきらめて別の道に進んでいく。彼らは誰かに助けて、とは言わないし、国民も就職難の選手や音楽家を助けろとは言わない。彼らは自分で次の道を見つけて、人生に折り合いをつける。

科学もそれと同じではないのか。好きで自分で選んだ道。誰からの助けも借りず、落とし前をつけろ、と。

スポーツや芸術と科学が似ている部分は多いと思う。他の職業よりは自己責任の割合は高いだろう。それは認める。ただ、科学とスポーツ、芸術の違いは、政府が関わり、国家予算が投入されて人材が育成されているということだ。

スポーツや芸術にももちろん国家予算が投入されている。2009年末の事業仕分けの際、予算削減の決定に対して、著名なスポーツ選手や芸術家が反対声明を出したのをみると、スポーツや芸術がいかに国家予算に依存していたかがよく分かる。国が強化選手を援助し、国立大学には芸術学部がある。東京芸大は数多くの芸術家を輩出してきた。

だが、スポーツや芸術と科学には違いがある。予算の額？ もちろんそれも大きい。科学にはGDP比にして1％に迫る国費が投入されている。スポーツ、芸術とはケタ違いだ。

しかし、それは問題の本質ではない。問題は、科学は国費以外の方法で人材の育成ができないということだ。

スポーツには膨大な数のアマチュアがいる。別に国の予算を使うことなく。公園などは公共団体のものの場合が多いので、間接的には使っているだろうけれど。これと同じで、アマチュアの芸術家はたくさんいる。みなさんの中にもスポーツを楽しんだり楽器を演奏する人がいるだろう。国が関わるのは、ごく一部のトップだけだ。

ストリートで始めたサッカー。同じくストリートで歌い出したシンガー。路上からスターが生まれ、巨万の富を生み出す。そういうストーリーは科学にはない。確かに私が大好きな映画「グッド・ウィル・ハンティング／旅立ち」で描かれたように、優れた才能がストリートのようなところで発掘されることはありうる。けれど、発掘したのは大学の教授だった。マット・デイモン演じる主人公のハンティングは、最後は愛のためにすべてを捨てて旅立ってしまうが……

もちろん、アマチュア研究者はおり、天文学や環境科学など、そういう人たちが活躍する領域もある。しかし、アマチュア研究者も多くは大学などで教育を受けてきている。アマチュア研究者にとって必要な施設も、知識も、参考書や論文も、プロフェッショナルな研究者が関わっている。アマチュア単独で何かをすることは難しい。

つまり、科学者の育成には、大学が関わることが不可欠なのだ。事実上、大学しか人材育成の機関はない。そしてその大学には私立も含め多額の国家予算が投入されている。

私立だろうと国立だろうと、博士は国の定めた基準で、国費を投入して育成している。国家が博士の育成を独占しているのだ。それを自己責任の一言で放置してよいのか。そんな博士が失業者になってしまったら……税金があまりにも無駄になってしまうではないか。

博士問題への厳しい意見④
外国に行けばよい

「日本に職がないのなら、外国に行けばいいのではないか。」
「日本にこだわる必要はない。科学者の活躍の舞台は世界だ。」

実のところ、その通りだと思う。科学に国境はない。世界中どこだって、自分を必要としてくれる場所があれば出ていくのは当然ではないか。

科学者が外国に行く理由は、国と国の間の賃金格差や活躍の場を求める「プル」と、自国に活躍の場が十分に確保されていないなどの「プッシュ」の理由があるという(2)。日本と諸外国では賃金格差はないし、むしろ日本のほうがよいから、「プル」で外国に行く科学者は少なかったかもしれない。しかし、これからは、活躍の場がないことに「プッシュ」されて、外国に行く科学者も増えるだろう。

だから、科学者は日本にこだわる必要なんか全然ないのだ。

事業仕分けのときに東大生が行ったアンケートによれば、若手科学者の予算が減らされたら、外国に行って科学者になるという声が多く、科学者をやめるという声は意外に少なかった(10)。

問題は、国民としてそれでもいいですか、ということだ。

私は正直なところ、日本で育成された科学者が、外国のために働いたっていいと思っている。それはある種の国際貢献だ。

アジア、アフリカなどの発展途上国では、科学・技術で国を発展させようとしており、たとえばベトナムは2020年までに最低2万人の博士号取得者を育成することを目標にかかげている（ベトナムニュース　2010年7月1日）。こうした国では、博士は重宝されるだろう。

そういう国の発展に尽くすことは、とても意義あることだと思う。実際、今、日本国内で行き場を失った高齢の技術者が、海を渡って諸外国で技術指導などをしているという。

けれど、だからといって、頭脳流出を放っておいてよいとは思っていない。

言いたいことは、世界屈指の経済大国が、自国の科学者を外国に流出させ、しかも外国から人を引き付けることもできないとなれば、日本という国は、世界に対し知的な面で貢献していないということになる。それでいいのですか、ということだ。

持てる力を使わないのは、力がないことより罪だ。世界の国々の中で、あらゆる研究分野を国内で行っている国は、アメリカ、EU、そして日本しかないという。その他の国々は、力を入れる分野を絞っている。これは、世界に対する大きな貢献ではないのか。

ただ、日本にもはや知的貢献する余裕などない、というのなら仕方ない。国民がそれでいいというのなら、従うしかない。寂しいけれど、事業仕分けなどを見ていると、それが現実なのかもしれない……

博士問題への厳しい意見⑤
もっと困っている人がいる

「今の世の中厳しいんだ。もっと苦境に陥って苦しんでいる人がいる。高学歴じゃないワーキングプアのほうがよっぽど深刻だ。博士などより、そういう人たちのこと考えたほうがいいのではないか。」

「就職難に陥っている大学生より、博士を優先させる理由が分からない。」

実は、この意見に反論するのは非常に心苦しい。

博士は今までの長い教育、研究を経てきた。英語は読み書きできるだろう。コンピュータも使える。いろいろな知識が豊富だ。また、裕福な家庭の出身の人が多い。中高一貫の私立校に通い、多額の教育費をかけられて育ってきた。裕福でなくても、知に対する敬意を持った家庭で育ってきたのだろう。経済的でなくても知的リッチな家庭の出身なのだ。

もちろんそうでない苦労した人もたくさんいるし、そういう友人もいる。安い大学の寮に暮らし、奨学金とアルバイトで食いつないできた人たちだ。

けれど、親の援助も期待できない人たち、貧しくて大学に行くどころではない人たち、虐待に苦しむ子。病気に苦しむ人……そんな人たちを差し置いて、博士の就職のための対策をしろというのか。

私はそれでも、博士をなんとかしないといけないと思う。

ただ、それを言うには、覚悟を決めないといけない。苦しんでいる人の前で、あなたたちより私たちを優先させるべき、と言わなければならない。未来のためにお金を使いますと。そしてその心を割かれるような気持ちを抱いて研究しなければならない。

その覚悟が博士にあるか。それは最終章でまた触れたい。

博士問題への厳しい意見⑥
博士なんか減らしてしまえ

博士を減らすべきだという意見がある。ウェブ上でも、長らく賛否両論分かれて議論が続いてきた。

博士になっても職がないのだから、減らすのは当然だ。

いや、日本はまだまだ博士号取得者の割合が少ない。これからの知的社会にとって博士は必要だ……

識者の意見も二分されている。

朝日新聞の記事の中で石弘光・放送大学長は「博士の数を増やしたことで質も下がり、出口もさんたんたる状況になっている。入り口を締めるという発想は当然だ」と述べる。

「フューチャーラボラトリ」の橋本昌隆社長も「博士は今の半分くらいでいい。国が戦略を立てて分野を選んで減らせば、国力の低下にはつながらない」という。

一方、ノーベル化学賞受賞者の野依良治・理化学研究所理事長は「グローバルな知識基盤社会に日本が生き残るためには、十分な質を持つ博士が今以上に必要だ」と反論する。

学校基本調査によれば、博士号を取得した者の総数は、明治時代から2006年までに48万4963人だという。アメリカには、就労している博士が57万人いるそうだ。

日本では年間に博士号を取得した者は1万6000人であり、うち自然科学（理学、工学、農学、保健科学）の博士は1万4000人程度だ（2008年）。一方アメリカでは、年間3万6千人の自然科学系博士が誕生する（2006年）。人口10万人あたりで比較すると、日本はアメリカの半分程度しか博士を輩出していない。この比率は、イギリスよりは多いが、ドイツよりは少ない。まだまだ日本は「博士小国」なのだ。

様々な意見を見ていると、博士を減らすべきという意見が優勢のようだ。それどころか、減らすより過激な意見も広がっている。著名な教育学者の潮木守一氏は、著書の中で博士課程の募集を停止しろとさえ言っているのだ(7)。

日本の大学教員は我が身を守ることには懸命になるが、その後継者世代をどうやって確保するのかに対しては極めて冷淡で、その結果、博士課程は目下、いまだかつて経験したこともない危機的な状況に陥ってしまった。青春は二度と取り戻せない。ただちに博士課程の募集を一時停止してでも、全国の博士課程を持つ大学を中心に、さらには全大学を含めて、今後の大学教員育成の制度設計を見直す必要がある。

三〇歳まで「生業」につかなかった人間を受け入れる場などまったくない。

現在の大学院は定員補充率を高める圧力に晒され、院生集めに懸命になり、大学院が終われば、任期付き雇用という不安定なポストを工面して、当てのないチャンスを待たせているのが現状である。

学部卒あるいは修士修了の時点で、将来大学教員・研究者としてやっていけるだけの能力とガッツを持った者だけ選び出し、彼ら彼女らに集中的に資金を投入して、次世代の大学教員・研究者を養成する方が、博士号を持ったフリーターを量産するだけの

図20　各国の自然科学系博士号取得者の専攻別の割合の違い

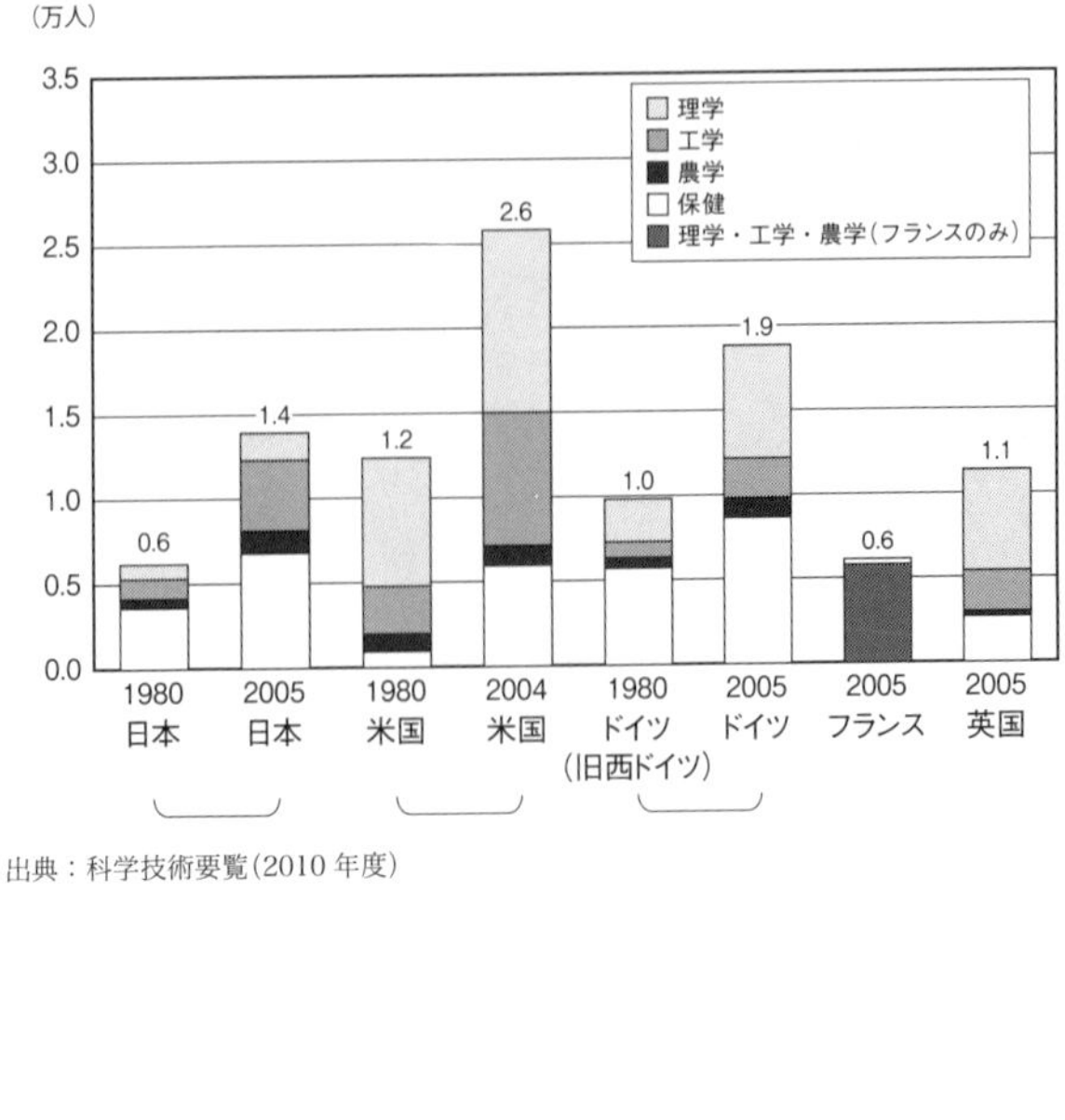

出典：科学技術要覧（2010年度）

現行大学制度よりもはるかに合理的である。

現実には、博士課程の大学院生の数は減り続けている。文部科学省も、博士課程の定員を減らすことにゴーサインを出しており、２００７年度から博士課程の定員も減っている。ゼロにするまではいかないが、増えることはないだろう。

ただ、たとえ博士の定員がゼロになったとしても、問題は残ったままだ。今いる博士がどうなるのか、という問題だ。

新規参入者がいなくなれば、競争は緩和される。多少は大学教員になれる人は増えるだろう。しかし、すぐに大学教員や研究職が空くわけではない。定年などによる自然減少はゆっくりだ。すべての博士が職を得るころには、自身の定年が近づいている。それまでどうやって暮らしていけばいいのか。

また、大学の常勤の職が少なく、研究費でポスドクを雇わないと研究ができない研究体制がある以上、反対の声は大きいだろう。そして何より、後継者がゼロになるわけだから、日本の研究は壊滅的な打撃を受ける。

ただ、ゼロとは言わなくても、分野の不均衡を解消するというのは現実的な策だ。ポスドク問題が発生し、行き先がないのはバイオ系だ。逆に工学系の分野の中には、日本が独走している強い分野にもかかわらず人材不足に陥っている部分がある。これから発展が望める分野や強い分野に人材を投入し、そうでない分野を減らすのは現実的かもしれない。

結局、「適材適所」の問題だ

以上、巷で言われている様々な発言に反論してみた。それぞれがある程度理解できる部分もあるにはあるのだが、どうも枝葉の理由のような感じがする。博士が社会で活躍できない理由には、もっと根深いものがあるのではないか。問題は博士に能力がないという単純なことではないことがわかる。

でも、そういうと、こういうことを言われることがある。

「博士号を取れるほど優秀ならば、職なんて簡単に見つかるでしょう。なんで見つからないのかまったく分かりませんね。」

確かにそう言われると、そうかなと思ってしまう。優秀なのに職がないということは優秀じゃないのか。結局逆戻りしてしまう。あれ？

でも、ちょっと考えてみると分かる。これは適材適所の問題なのだ。

考えてもみてほしい。イチローや松井がホテルの従業員に就職したら、はたして伝説のホテルマンになるのだろうか。オリンピック選手やプロスポーツ選手が働き口探しに苦労しているという話はごまんと聞く。

彼らは私なんかに比べて、明らかにスポーツができる。優秀だ。けど職がない。簡単なことだ。スポーツで優秀だからと言って、仕事に直接は役立たないのだ。もちろんスポーツをすることで身につけた集中力や礼儀作法などは役立つだろう。でも、それはスポーツに直接関係はない。

戦争のときには優秀な兵士がたくさん必要となる。兵士で優秀というのは、射撃がうまいとか、体力があるとか、そんな感じだ。もちろん、指揮官なら戦略を練るとか、状況を判断するとか、知的な能力を必要とするだろう。

しかし、戦争が終わったあと、兵士としての能力の多くはあまり役立たなくなる。復員兵が就職難に直面するのだ。ゴルゴ13のような超一流のスナイパーだって活躍の場はそんなにないだろう。機動戦士ガンダムでも、戦時中活躍したニュータイプたちは平和の時にはただの人だったではないか。これと同じことが博士にも言えるということではないのか。

なお、話はややずれるが、アメリカは第二次大戦後、「復員兵援護法」を用いて、元兵士に科学や工学を学ばせたという。これが戦後のアメリカの科学の発展のもとになったとも言われている(10)。このあたりは、博士の能力活用にとっても示唆的だ。

ただ、適材適所は簡単ではないのは事実だ。博士の能力と企業が欲する能力にギャップがあるのは事実だ。そのギャップを埋めるにはどうしたらいいのか。適材適所に人材を配置するのはどうすればよいのか。

必要なのは雇用の流動化

なんで適材適所ができないのか。

コンサルタントの城繁幸氏は、著書の中でこんな挿話を描いている(11)。

30歳でポスドクの中村氏が、友人の山本氏が勤めている会社に就職したいと、山本氏を介して上司の山田部長に相談した。山田部長はきっと会社は中村氏を採用するだろうと思い、人事部に問い合わせた。しかし人事はあまり乗り気でない。理由を聞くと……

「考えてみてください。博士とはいえ、社会人経験は実質一年目の新人ちゃんと同じでしょ。年収三〇〇万円22歳の横で、(当社30歳基準で)年収五五〇万円の30歳が同じ仕事をしていて、みんな納得できますか?」

「……いや、たとえば一年目は新卒並みの三〇〇万からスタートして、二年目からは働きに応じて処遇を決めるというのは?」

「それは実質的な職務給でしょう。つまり、毎年の働きに応じて柔軟に処遇を上下させるということですよね? 最近できたような、最初から年俸制のベンチャーや外資系企業ならいざ知らず、ふつうの日本企業でやろうとしたって、組合が黙っちゃいませんよ」

「で、では、彼だけをそういう契約にするというのは?」

「ウチの給与体系は部長もよくご存知ですよね？　毎年、労使で30歳モデル賃金を交渉し、そこで決まった昇給額を基準に、35歳でいくら上げるか、40歳でいくらか、大まかな幅を決めていく方法です。一人だけモデル賃金から離れてスイスイ動きまわる人がいては、のちのち困るんです」

「……」

30歳を超えるポスドクが会社に入社したらどうなるのか。一言で言えば処遇に困るのだ。30歳ならまだギリギリかもしれない。これより年齢が高くなれば、もっと厳しくなる。長期雇用が前提なので、35歳くらいになれば、その会社にずっといた人の一部は幹部候補になっており、高い地位に就いて部下を使って大きな仕事をしているかもしれない。そんな中、同じ35歳が新人として入ってくることができるのか。

博士号取得者は日本の会社では完全にアウトサイダーだ。アウトサイダーな博士を雇う可能性は少ないのだ（図21）。30代以上の博士号取得者は、年功序列から外れているという意味で、フリーターと同じ扱いなのだ。

これでは、才能を活かす機会を得るのも難しい。コミュニケーション能力がない、頭が固い、視野が狭いといった理由が言われるが、それが言い訳なのは明らかだ。企業に博士を雇えと旗振っている文部科学省や経済産業省自身は、どうして博士やポスドクの採用に積極的ではないのかを考えればよい。官公庁だって年功序列だ。

科学の世界だけ変わっても、社会全体が流動化しなければ、問題が解決しないのだ。科学界だけポスドク、非正規雇用にしても、ほかがそうなっていないから、行き場がなくなってしまうのは当然だ。

能力にふさわしい職を見つけるためには、あらゆる人が、自分にふさわしい職に容易になれることが必要だ。研究に向いている人は研究職に、開発に向いている人は開発職に、営業に向いている人は営業職に、といった具合に。そのほうが社会にとっても有益だ。ゴルゴ13には、やはり営業職よりスナイパーをやってもらったほうがいい。

博士には適した仕事をしてもらえばいいだけで、それができない仕組みが問題なのだ。みなが単一のレールにのって競争していく。失敗や寄り道は許されず、ちょっとでも踏み外した人間は行き場がない。

ここに横たわるのは、常勤、非常勤という身分の差だ。身分の差を生むのは、終身雇用、年功序列。結局、ここをどうにかしないと、問題は解決しない。常勤、非常勤の垣根を取っ払えば、ポスドクの不安定な身分は緩和される。では、どうやって差を縮めるか。

非常勤職を常勤職にしてしまうのが1つの方法。それができなくても、少なくとも、社会保険など、乏しいセーフティネットは常勤職に近づけるべきだ。

もう1つの方法がある。常勤を非常勤に少し近づける。常勤職、非常勤職を同じ土俵で競争させることだ。椅子取りゲームに例えると、ゲームに参加していなかった人たちを、椅子とともにゲームに参加させるということだ。

優秀だけど活躍の場がなかった若手にとってはチャンスが増える。一度地位に就いたらあとは安穏としているという「過去」の研究者のお尻に火をつけることにもなる。

こういうことを言うと、激しい抵抗を受ける。一生競争というしんどい状況でいいのですか？　あなたたちがせっかく教授になったときにそれでいいのですか、と。競争、競争

図21　ポスドクに行き先がない理由

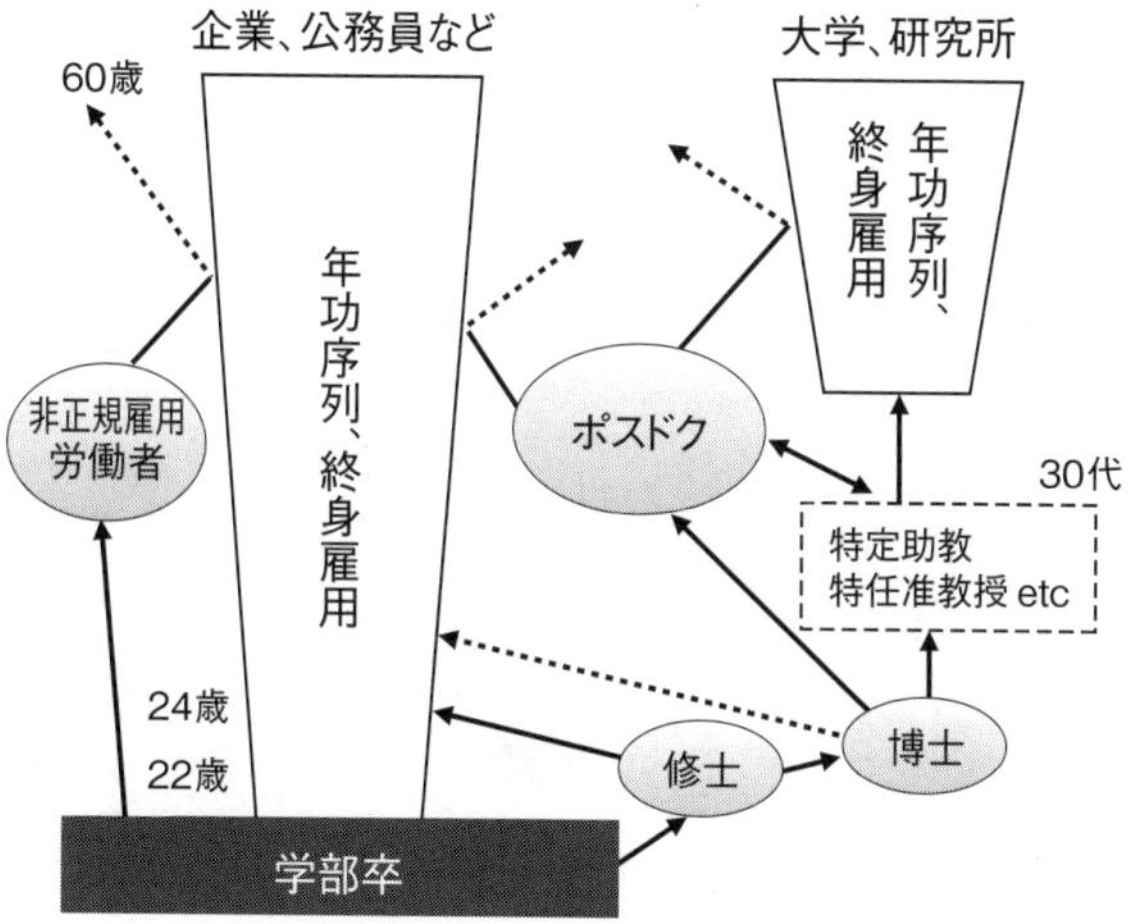

で落ち着いて研究できますか？　いつもギスギス、ピリピリした状態になりませんかと。

現実には、ポスドクだけでなく比較的地位の高い職の科学者にも任期制が導入されるようになっている。こうした研究所が必ずしもうまくいっているわけではないという。競争を強いられ、ギスギスした環境の中で、事件が多発しているという。だから、常勤研究者を不安定にするだけでは、逆に研究の生産性を下げてしまうかもしれない。

けれど、今苦境に陥っている人たちが、こうした解決策を望むのは不思議ではない。このままでは希望がないからだ。安定してやめることのない職と、不安定で先のない職。その差を縮めないと、希望は生まれない。

年功序列や常勤非常勤の垣根をなくすことは、上の世代に不利な面ばかりではない。

多くの弟子を育ててきた教育の経験が生きる場所は世の中にきっとある。すでに研究実績を積んできたという経験は、若造ごときに負けないはずだ。京大退職後、研究室ごとシンガポールに移籍した伊藤嘉明教授のように、能力さえあれば定年を超えることができる。社会の中で、そんな自分の利点を活かす場を見つければいいのだ。そもそも一律に定年があるのだって、終身雇用や年功序列が前提となっているからではないか。

不遇の先にあるもの

オウム真理教のことを覚えているだろうか。理工系大学院出身の者や、大学院中退の者が何人もいた。そうした人たちが、サリンや毒ガスの製造などに関わった。

報道によれば、彼らは「オウム真理教に入れば、自由な研究ができる」と誘われたと聞いた。

もし、今何らかの反社会的な勢力が、進路に苦しむ博士たちに、「いくらでもお金を使ってもいい、自由な研究もできる、安定した給料も約束する。だからうちにこないか。」と勧誘したら……

そして、博士の持つ専門性を使い、殺傷能力の高い兵器などを作ったら……

コンピュータウイルスを作成し、政府のコンピュータに攻撃をしかけたら……

暴力団が博士の専門性を活かして資金を集めようとしたら……

こうしたことは杞憂に終わってほしいが、オウム真理教のことを考えると、決してないとは言い切れない。オウムに関わった者たちは、研究者としては一流ではなかったし、修士卒程度の者も多かった。それでも多くの人を殺傷する兵器を作り出したのだ。

悪用とは異なるが、もと文科省の官僚で名城大学教授の磯前秀二氏はこう述べる(12)。

例えば、国立物理学総合研究所とか国立総合防衛研究所といった大規模研究機関を創設し、そこで、人格・研究能力ともにしっかりした若手博士号取得者に、国防に沿った研究を伸び伸びとさせてはいかがでしょう。

その意見の賛否はここでは述べないが、そうした意見が出ていることは真剣に考えたほうがいい。兵器を開発できる能力を持った者を不遇な状態に置いておくことの意味を……

1　日本経済団体連合会（日本経団連）『イノベーション創出を担う理工系博士の育成と活用を目指して——悪循環を好循環に変える9の方策』2007年

http://www.keidanren.or.jp/japanese/policy/2007/020.html
2　村上 由紀子『頭脳はどこに向かうのか』日本経済新聞社　2010年
3　府川伊三郎、百武宏之「産学連携による高度理系人材育成（上）」　2007年『産学官連携ジャーナル』Vol.5 No.10 2009
4　文部科学省「平成19年度民間企業の研究活動に関する調査報告」　2009年
5　北垣郁雄、赤堀侃司『科学技術時代の教育』ミネルヴァ書房　2007年
6　カール・M・コーエン、スザンヌ・L・コーエン著　浜口道成、三枝小夜子訳『ラボ・ダイナミクス―理系人間のためのコミュニケーションスキル』メディカルサイエンスインターナショナル　2007年
7　潮木守一『職業としての大学教授』中央公論新社　2009年
8　科学技術政策研究所『ポストドクター等のキャリア選択に関する分析』　2008年
9　科学技術政策研究所、三菱総合研究所『これからの人材育成と研究の活性化のためのアンケート調査』　2004年
10　東京大学 有志学生による事業仕分けに関するアンケート・署名活動
http://wakate.digitalmuseum.jp/
11　城繁幸『7割は課長にさえなれません　終身雇用の幻想』PHP新書　2010年
12　磯前 秀二『愛国心の経済学―無国籍化する日本への処方箋』扶桑社新書　2008年

Column 3

博士の給料

日本では、東大や京大など、偏差値の高い大学に入ることを高学歴と言うが、それは世界の常識とはまったく異なる。高学歴とは、博士になること、つまり博士号を持つことなのだ。

欧米では、修士号、博士号を持つことが給料にも跳ね返る（図22）。たとえばアメリカでは、学士と博士では初任給から1万5000ドル（約120万円）もの違いがあり、その後は差が開く一方だ。それくらい博士号は価値があるものと認められているのだ。

しかし、日本では博士に給料の差をつけていない企業が多い。「平成17年度民

図22　米国における取得学位別年収

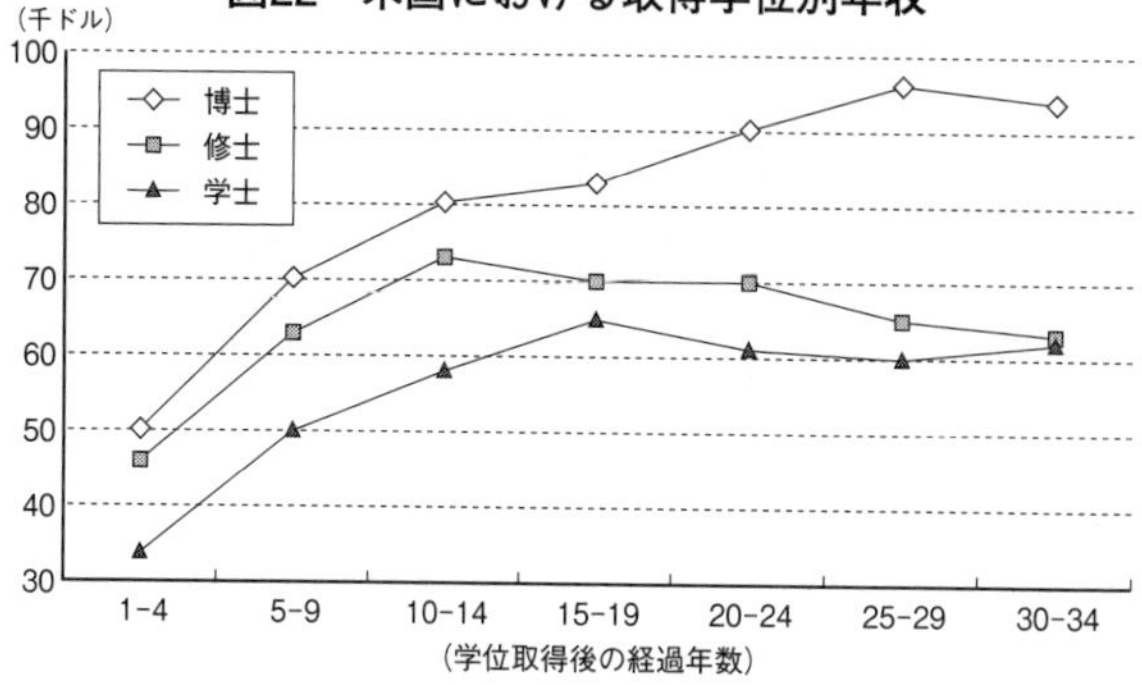

注）科学工学分野の学位取得者の平均年収である。

資料：National Science Foundation「Science and Engineering Indicators 2006」Figure 3-22

出典：平成19年版科学技術白書

図23　ポストドクター等の平均給与(推計値)

(単位：千円)

項目		平均値
	全体（1035名）	306
性別	男性（780名）	314
	女性（255名）	282
研究分野	人社（121名）	213
	理学（397名）	329
	工学（223名）	330
	農学（126名）	287
	保健（153名）	307
	その他（15名）	206

出典：科学技術政策研究所調査資料159
ポストドクター等の研究活動及び生活実態に関する分析

間企業の研究活動に関する調査報告」（文部科学省）によれば「博士号取得者には、初任給などで特別な処遇をしている」と回答した企業は18・8％、「ポストドクター経験者には、研究経験歴に応じて、初任給などで特別な処遇をしている」と回答したのは5・8％にとどまる。

それに加え、ポスドクは給料が安い。文部科学省、科学技術政策研究所のデータによると、ポスドクの給料は平均30万6000円。まあ、贅沢はできないが生きてはいける。けれど、家族を持つにはちょっとしんどいかもしれない。社会保障なども乏しい。ポスドクで事業者負担の社会保険に加入している者は6割に過ぎない（文部科学省科学技術政策研究所調べ）。当然短期間で異動を繰り返すのだから、退職金なども小額になってしまう。

博士になるために大学院に入ると、給料がないどころか、大学に学費をはらわなければならない。大学時代から博士課程修了まで奨学金を借りれば、返還が必要なお金、いわば借金が1000万円を超える可能性さえある。大学院博士課程に進学すると、修士卒で就職した場合と比較して、3年間の授業料、生活費、そしてもらえたはずの給料を合わせると、約1500万円ものマイナスになるという。博士になることはペイしないのだ。

第4章　博士は使わないと損！

活躍させないのは罪

博士の就職難、高学歴ワーキングプア……悲惨さばかりが強調され、どうも博士をかわいそうな人、哀れな人だと思う人が増えている。

政府の対応も、科学者として成功できなかった人たちのセーフティネットのような対策が多く、そうした政府の対策に反発も多い。それが事業仕分けでの厳しい意見につながったと思う。

もちろん、セーフティネットは必要だ。しかし、高学歴ワーキングプアのためだけのセーフティネットが必要なのだろうか。

また、セーフティネットをどうするか、という、いわば守りの議論だけでいいのだろうか。守りだけでは、社会は損したままだ。

今本当に必要なのは、博士の能力を徹底的に発揮させる、攻めの対策だ。多額の税金をかけて育成された博士は、それ以上の価値を生み出してもらわないと大損なのだ。だから、研究能力に優れた人の才能は徹底的に発揮してもらわないといけない。社会の様々な場で、その能力を発揮してもらわないといけない。そうでないと、一納税者として納得がいかないのだ。

お金を生み出すことしか価値がないと言っているわけではない。誰も知らない未知なものを発見する優れた研究は、お金に換算できない素晴らしい価値をもたらす。はやぶさはお金を稼がなかったが、人類に勇気と希望を与えた。そういう研究は残るべきなのだ。人類の代わりに未知なものを発見する研究者は、雑事から一切解放されて、研究に専念すべきだ。そんな研究者には、コミュニケーション能力も何も必要ない。だから、優れた研究能力と、社会でやっていく能力には、若干のずれが生じる。もちろん、コミュニケーション能力をはじめとする社会でやっていく能力と研究能力には関係があると思うが、コミュニケーション能力を研究者の必須能力として求めてはいけないのだ。

けれど、厳しい言い方だが、価値のある研究ができない科学者は、いつまでも税金を使った研究に固執せず、後進に道を譲り、別の道で活躍してもらわないといけない。

では、その能力を最大限引き出し、社会のために活躍してもらうためにはどうすればよいのか。社会が博士を使い倒すにはどうしたらよいか。ここで大胆に考えてみたい。

若手研究者の活躍の場を拡大せよ

はじめに、常勤科学者を増やすことについて考えてみたい。博士になった人の多くが科学者になりたかったのだから、活躍の場を広げたらよい。選挙でも、いくつかの政党が常勤科学者のポストを増やすという公約を掲げた。

これは何も日本だけで言われていることではない。アメリカでは、NSF（国立科学財団）や全米アカデミーがポスドク問題の解決に向けた提言を発表している。このうち、全米科学アカデミーが2005年に発表した「独立への架け橋」という、生命科学のポスドクに対して出した提言では(1)、ポスドクはボスである主任研究者から資金面でも独立させるべきで、進路のアドバイスや職業トレーニングをもっと受け、そしてポスドクが終わったら正規の職に就けるべきだと述べている。

現実には常勤ポストの増加はかなり難しい。厳しい経済情勢の中、科学・技術予算は減らされる傾向にあるからだ。

ただ、それでも、ある程度は若手研究者を増やす必要がある。

関西大学教授の竹内洋氏は、解決策として、国立大学より２〜３割給料が高い私立大学の教員の給料を、国立大学並みに引き下げることにより、その余剰金を新規大学教員採用に回すことを提案している(2)。

これなら、予算を増やさずとも、業績がありながら、運に恵まれず不遇な状況にある若手研究者に機会を与えることができる。私立大学教員からは反発が出るだろうが、竹内氏は

かれらの既得権は、世代的な幸運にもとづいた特権でしかない。多くの有為で業績のある若い後継者のために、痛みを分かちあわなければならない。

と述べ、バッサリと切り捨てている。今の状況を考えると、考慮に値する提案だと思う。

ただ、これでは、ポストが増えた直後はいいのだが、いったん人が割り当てられてしまうと、次の世代が困ってしまう。ある世代だけが突出して常勤研究者が多く、その世代が定年になるまでの谷間の世代は就職難にあえぐということになる。

テニュア・トラックを拡充せよ

ある一定期間、若手の研究者を雇用し、実績が出れば任期のない教授などの職に就くことができるという制度がある。いわばお試し雇用期間の間に人を見極めるという制度で、その期間中は独立して、自由に研究ができる。これがテニュア・トラック制だ。

これは世界で一番厳しい競争が行われているアメリカでも導入されている制度だ。さすがに一生競争というのはいくらなんでも厳しいし、精神的にもつらい。だから、競争する期間を定めて、その間は競争しましょう、それでだめならあきらめてね、ということだ。

日本でもいくつかの大学で導入されており、国も2011年から始まる第4期科学技術基本計画の中で、テニュア・トラック制を若手研究者の就職問題の解決の切り札として重要視しているようだ。

2章でふれたように、成長戦略の中で導入を検討すると述べられているし、第4期科学技術基本計画の原案である「科学技術基本政策策定の基本方針」でも、テニュア・トラック教員の採用割合について、全大学の自然科学系における若手の新規採用教員総数のうち3割に相当する人数を目指すとの目標をかかげている。

もしこの制度が定着すれば、大学の常勤教員への道筋が明確になるので、現在のように展望のないままポスドクを続けざるを得ない状況が変わるかもしれない。

なぜなら、大学教員になる人は、ポスドクを経ずに教員になることも多く、大学教員になる、いわばエリートコースと、そうではないポスドクに身分の差のようなことが生じているからだ。

実はこの身分の差は、研究を始めたばかりのころについてしまう。

よい大学や、どんどん成果の出る有力な研究室に最初から入ると、修士課程の段階で研究成果が出て、論文が書けるかもしれない。すると、ガクシン（日本学術振興会特別研究員）になれ、アルバイトをしないで研究に専念できる。すると、さらに成果が出て、大学の常勤の教員になれる確率が高まる。

もちろん、実力もあるのだが、それ以上に差が広がってしまう可能性がある。だから、ポスドクになっても大学教員になれる道であるテニュア・トラック制はポスドクにとって希望なのだ。

ただ、テニュア・トラックにも問題はある。

というのも、すべての教員がテニュア・トラック制になればいいのだが、現段階ではテニュア・トラック制の職に就くだけで数十倍の倍率を勝ち残らなければならない。第4期科学技術基本計画の目標が達成されても3割だ。競争は厳しい。

テニュア・トラック制の職に就ける可能性が低ければ、結局単なるエリートの選抜にしか過ぎない。大多数は、従来通りの方法で教員が決まっていく。多くのポスドクにとっては、そんな制度あるよね、で終わってしまう話だ。

　また、テニュア・トラック制の教員は、独立して研究に専念するために、大学の講義や実習などを手伝うこともなく、大学の教育、研究の弱体化につながるという声も出ている。伝統的な講座制や終身雇用制の崩壊にもつながるため、あまり乗り気でない大学関係者は多いという(3)。

　さらに、独立に際し周囲のサポートがなければ、押しつぶされてしまう若手研究者も出るだろう。独立までに、研究室運営のやり方を教わったこともなければ、独立した後、事務なども含めたサポートがない。こんな状態では、つぶれてしまうのも無理ない。

　確かにテニュア・トラック制は優れた研究者を選抜する上で優れた制度だと思うが、それだけではまだ不十分だ。

　テニュア・トラック制をもとに、よりよい仕組みを模索していかなければならない。

独立と自由を与えよ

　少し前のデータだが、２００４年の総合科学技術会議の調査によれば、競争的に獲得する研究費（競争的資金）は若手研究者にあまり渡っていなかったという(4)。

14年度配分総額を年代別に見てみると、50〜55歳未満（21・3％）をピークに55〜60歳未満（18・6％）、45〜50歳未満（17・8％）、40〜45歳未満（14・9％）、60〜70歳未満（13・2％）と続いており、ノーベル賞受賞理由になる研究が行われる30代後半には8・8％しか研究費が流れていない。

もう少し詳しくみると、30歳以下に0・4％、30歳台前半に4・6％しか研究費を獲得していない。これは、いわゆる講座制が大きな影を落としている。つまり、日本の大学では、教授を頂点に、准教授、講師、助教というピラミッド型のチームが構成されており、教授になるまでは自由に研究ができないということだ。

この結果はアメリカの科学誌サイエンスの記事になり、私のコメントも掲載された(5)。

そんなのどの社会でも当たり前だ、と言われるかもしれない。下積みが必要だ、嫌な仕事を黙ってもくもくとやることが必要だ……確かに今までだったらそうだろう。若いころは教授の下でもくもくと言われた研究に励み、教授になるまで自分の研究は我慢した。これでは、いくら若手の常勤職を増やしても無駄だ。

状況は少しずつだが変わってきている。

先ほども触れたようにノーベル賞受賞者が、賞の対象となる研究をするのは30代が多い（図24）。その時期に、ポスドクよりはもっと自分の裁量で研究できるポストにいないと、優れた成果は生まれない。

研究には波がある。勢いのよいときに適切な地位やお金を与え、業績をどんどん出してもらうことが、研究者にとっても、そして社会にとってもいいことに決まっている。過去の実績より今の勢い。積分より微分というわけだ。

理化学研究所の上田泰己博士は、27歳にして研究室のチームリーダーに抜擢され、優れた成果を出し続けている。30代の教授も続々と誕生している。20代、30代は研究成果が最も出る年代であり、最も研究成果が出るはずの若い時代に、自由に研究ができないのは才能の損失だということが、少しずつ知れ渡り始めているからだ。若手研究者向けの研究費も増えた。

ただ、こうした抜擢は、増えてきたとはいえまだまだ例外的だ。科学者ではない1人の

図24　ノーベル賞受賞者の業績を上げた年齢の分布(1987〜2006)

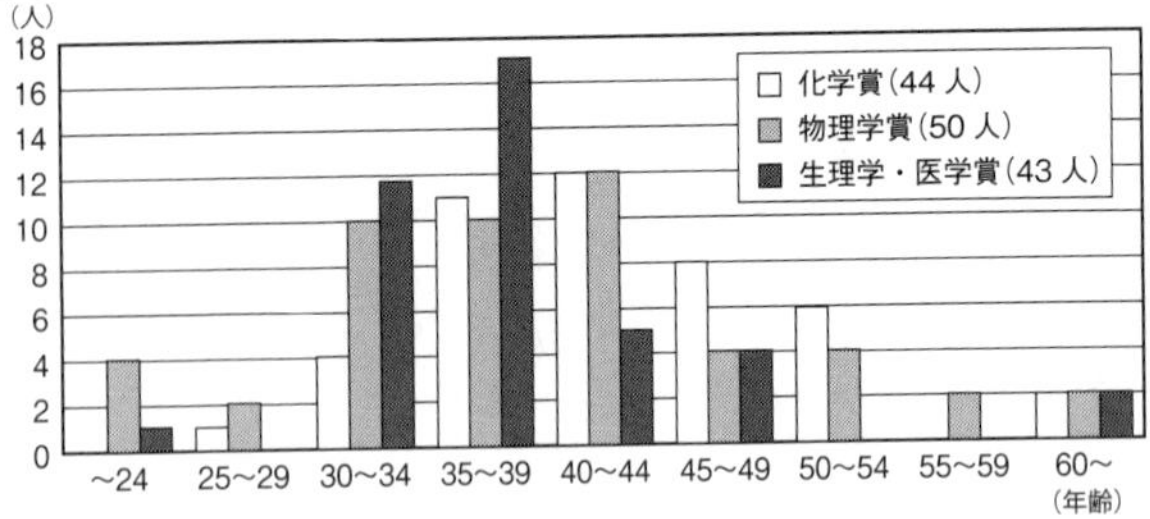

出典：平成19年版科学技術白書(文部科学省)

国民として言わせてもらうと、今この瞬間に優れた研究をしている人に、私たちの税金を使ってもらいたいし、権限と地位をあげたい。既得権はもういいから、ほんとなんとかしてほしい。

博士＋Ｘで生きよう

アメリカでは、博士号取得者向けの就職ガイドブックが多数出版されている。その中の1つ、「Alternative careers in science」を覗いてみよう。

この本には、実に22もの職が紹介されている（図25）。軍が就職先として取り上げられているのは日本と違うが、多くが日本では博士に門戸を閉ざしている職であることに驚かされる。

そして、この本に登場している人たちは、科学者としてのこれまでのキャリアを完全に捨て去るという職ではなく、これまでの経験を何らかの形で生かしているのだ。

図25　アメリカの博士号取得者の多彩なキャリア

1. 企業の役員
2. 技術ライティング
3. 科学ライティング
4. 編集者
5. ビジネス情報サービス
6. ベンチャーキャピタリスト
7. 投資銀行
8. アナリスト
9. アントレプレナー
10. 営業開発
11. 政策管理
12. 規制関連業務
13. 弁理士
14. 医科学コンサルタント
15. セールス、マーケティング
16. 技術移転
17. 企業広報
18. 人材発掘
19. 企業コンサルタント
20. 技術コンサルタント
21. 政府の科学アドバイザー
22. 政府の経済開発アドバイザー
23. 軍

出典：Alternative careers in scienceより著者作成

ここで、根本的な発想の転換をしなければならない。

1990年代に、新規の博士の数は、大学教員の採用数を上回った。この時点から、博士は科学界だけでなく、社会に活躍の場を見つけなければならなかったのだ。

ところが、大学も博士自身も、社会での活躍を考えてこなかった。大学院は研究者を養成する場所であり続けたし、博士の多くはやっぱり研究者になりたい。

それではだめなのだ。大学院は社会で活躍する博士をどう生み出すかを考えないといけない。博士自身は社会の中で活躍することを考えないといけない。

博士が研究職にこだわらず、様々な場所に進出すべきというのは、世界の常識だ。

図26は2001年11月にフランスのストラスブールで開催された「自然科学における若手研究者の国際的訓練と支援に関する会議」で公表された(6)。博士やポスドクの生きる道はたくさんある。研究職にこだわるのは、可能性の半分を捨ててしまうことだ。それではあまりにもったいない。

図26　広がる博士の生きる道

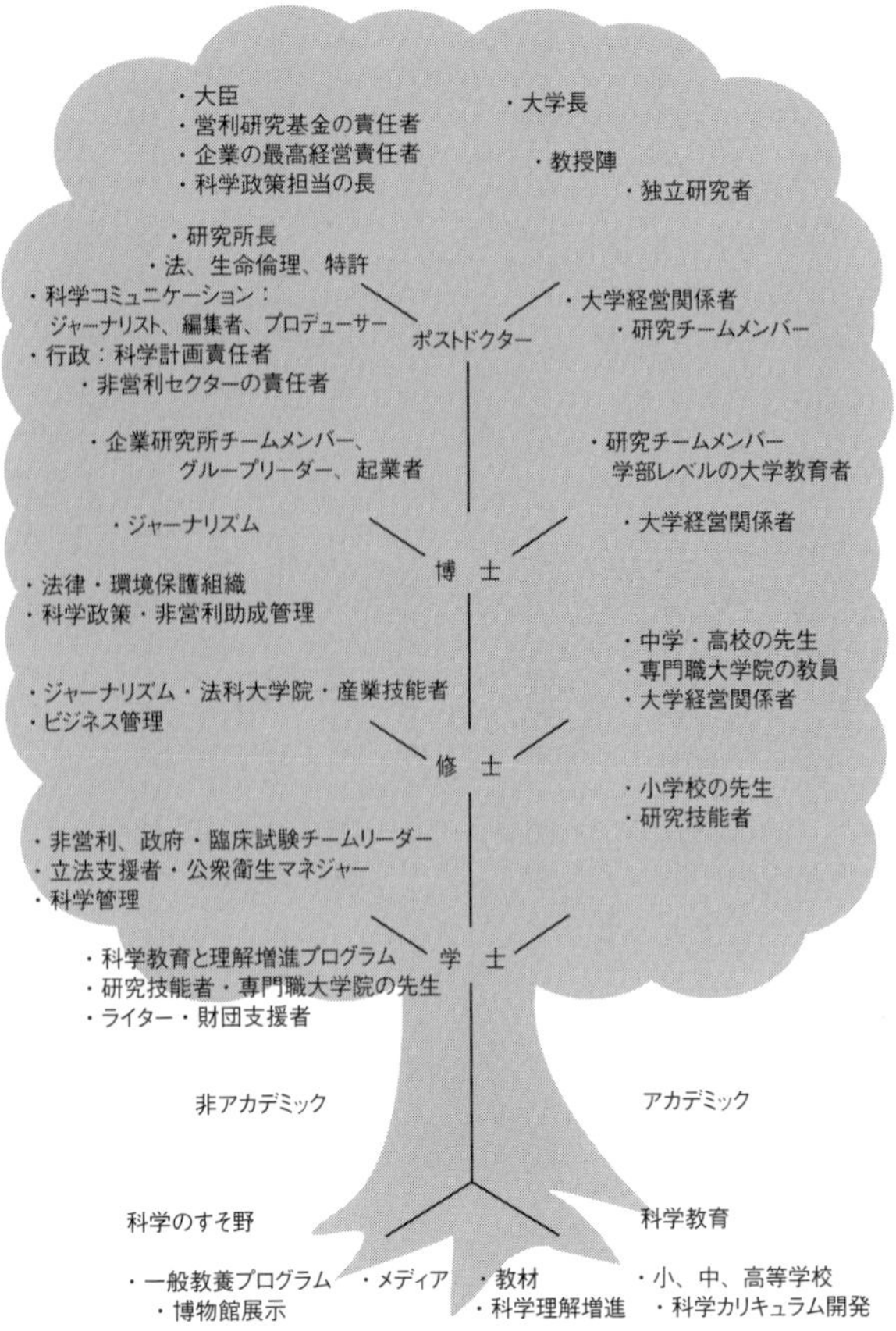

出典：「自然科学における若手研究者の国際的訓練と支援に関する会議」
(2001年11月29日－30日、仏：ストラスブールにて開催)より

ここで「博士＋Ｘ」という生き方を提案したい。

これは、ＮＰＯの仲間だった山本伸さんが言っていたことなのだが、博士号というのは、他の何かと組み合わせることによって生きるものなのだという。

たとえば、科学に強い弁護士、研究歴のある投資家といったように、何かと組み合わせることによって、他にはない強みになる。

そしてそれは私たち一般市民にとってもありがたいことだ。たとえば医療訴訟や公害訴訟に科学に強い弁護士や裁判官がいたら、より深い審議ができるだろう。

　実は、科学の教育を受けた者は大きな柔軟性を持った問題解決者になり、さまざまな環境や役割に貴重な貢献をする能力を持っているのである(7)。

ここで、Ｘをいくつか提案してみたい。ただ、誰でも考えられるようなものではつまらない。あまり知られていないＸをみてみよう。

①博士＋中小企業

最初は民間企業を考えてみる。

あれ、それはもう出てきただろう。民間企業は博士をあんまり雇わないのでは？　こう言われそうだが、少し違った視点からみてみたい。

企業と言っても規模も職種も違う様々な企業があるわけで、一言で言うことはできない。そのあたりを見ずに企業というのは乱暴な話だ。東大法学部や官公庁の人たちが、企業のことを一言「民間」というのと同じで、あまりに広すぎる。

みんなが知っている大企業だけが企業ではない。中小企業の多くは、人材確保に苦しんでいるのだ。

現在、中小企業における技術・技能人材の高齢化が進む中、新卒者を含めた若年の技術・技能人材の確保を行うことは、技術や技能の承継を行いつつ、教育・訓練等を通じて長期にわたって技術・技能人材を育成していく上で重要である。

しかしながら、我が国において理工系人材の数が減少しており、大企業との競合もあって、中小企業が若年の技術・技能人材を確保するのは容易でないと言われている(8)。

椅子取りゲームで言えば、椅子があるのに座ってくれないという状態だ。ゲーム参加者は一部の企業の椅子に殺到する。そして椅子に座れない人が出る。なのに、中小企業の椅子には座らない。こういう企業は、年功序列、終身雇用なんて言っている余裕はないから、その企業にとって必要な人材なら雇うのだ。

もちろん、中小企業と一口に言うのだって、かなり乱暴な話だ。要は、企業の大小にかかわらず、人材を求めている企業があるということだ。〇〇という技術がある人、というように、対象者がものすごく限られた募集を行うらしい。

問題は、どの企業がどういう人材を求めているのか、情報が得にくいということだ。

博士号取得者は、大学卒業生のように一斉に就職活動をするわけではない。個別に企業にあたらなければならない。また、高度な専門性を要求する場合も多いから、能力にぴったり合った企業を探すのも大変だ。企業にとっても、なかなか求めている人材に出会えない。

でも、そこに、仲介をする組織のニーズがある。企業と博士の情報を集め、お互いのニーズと能力をマッチさせる。そういう中間組織だ。研究では、科学技術振興機構（JST）がJREC-INという、科学者のマッチングサイトを開設している(9)。アカリク(10)のように、マッチング事業に乗り出す企業も登場しているが、博士の就職は、数も少なく、また1人をマッチングさせるまでに時間がかかり、収益性が乏しいというが、非常に重要だ。

②博士＋技術者

博士が活躍できるXとして、技術者を提案したい。

あれ？　科学者と技術者ってどう違うの？　そう思われた方もいるだろう。

実は科学者と技術者は別物だ。国勢調査でも区別されている。２００５年の調査では、科学者（自然科学、人文・社会科学含む）が14万８４６０人なのに対し（自然科学者

14万2485人、人文・社会科学者5975人）、技術者は214万612人もいる。科学技術要覧（2010年度）では、全分野の研究者は83万9000人とされており、若干のずれがあるが、大学の教員は「教員」という分類に入るので（大学教員は17万1662人）、多少異なった数字が出るのだろう。就業者の人数が全然違うのは分かる（図27）。

技術者の個別な定義はないが、たとえば農林水産業・食品技術者は「科学的・専門的知識と手段を生産に応用し、農林水産業及び食品製造における企画・管理・監督・研究開発などの科学的・技術的な仕事に従事するものをいう。この仕事を遂行するには、通例、大学などにおける自然科学に関する専門的訓練又はこれと同程度以上の知識と実務的経験を必要とする。ただし、試験場・研究所などの試験・研究施設で、自然科学に関する専門的・科学的知識を必要とする研究の仕事に従事するものは中分類〔01（注：科学研究者）〕に分類される。」とされている。

一方、科学者（国勢調査では科学研究者）は「研究所・試験所・研究室などの試験・研究施設において、自然科学、人文・社会科学の分野の基礎的又は応用的な学問上・技術上

図27　分野別技術者数

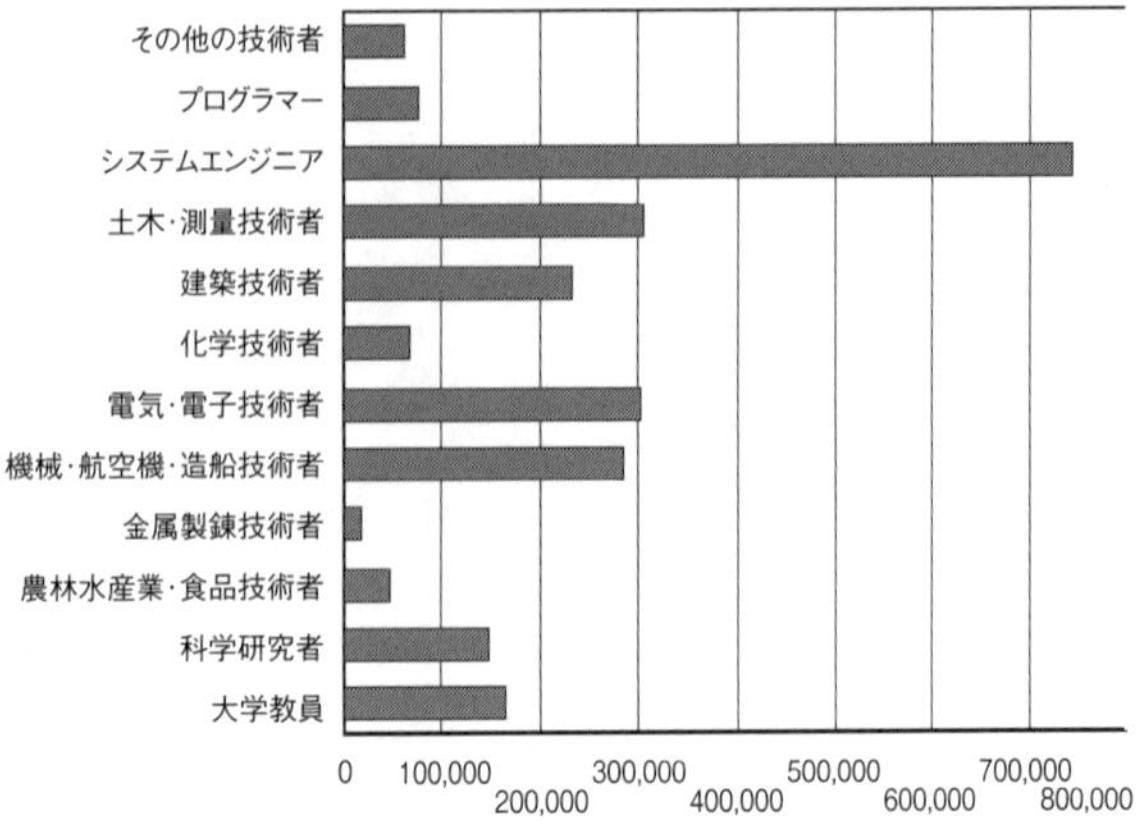

出典：2005年の国勢調査より著者作成

の問題を解明するため、専門的・科学的な仕事に従事するものをいう」とされる。また、「この仕事を遂行するには、通例、大学（短期大学を除く）の課程を修了したか又はこれと同程度以上の専門的知識を必要とする」とされる。

ざっくり言ってしまうと、科学者は科学的知識の探求、技術者は科学的知識の応用という区別がある。

ここで思い出すのは、工学部の博士が比較的職を得やすいという事実だ。工学は技術に近いから、工学博士を得た人は、技術者としても活躍できるということだろうか。

はっきりしたデータがないので、あくまで感想だが、技術者のほうが科学者より需要があるので、技術者になるための知識や技能を身につけたら、博士も就職しやすいのではないか。もちろん、技術者の多さというのは産業規模を反映しているので、要はバイオ産業が雇用を生み出していないということでもあるが、博士の就職を考える上で示唆的だ。

キヤノンは、文部科学省の資料の中で、こんなことを述べている(11)。

また、企業側が求める「高度な専門知識を有する人材」とは「博士号取得者」レベルとなります。加えて、入社の段階で高度な専門知識を必要とする研究職は、日々の企業活動を担う製品開発職に比べて需要は多くありません。したがって、大学院教育に関しては、専門知識を基にした研究職志向の学生だけではなく、学部・修士課程を通じて企業活動の実務に必要な「基礎能力」に長けた学生を育成する役割を要望したいと考えています。

企業の求めているのが、科学者ではなく技術者だということがよく分かる。理学が工学より不利なのは明らかだろう。2005年の国勢調査では、システムエンジニアが75万人、電気・電子技術者が30万人いるのに対し、理学に関わる化学技術者は6万7000人。バイオ技術者に至ってはその他に分類され、その他全体で6万2000人しかいない。

そういう問題はあるものの、博士の能力を死蔵させるのではなく、技術者として活用したほうが、社会にとっても有益なはずだ。科学者を技術者として活躍するための再教育やカリキュラムなどがあればいいのではないだろうか。ゼロからやり直すのではないから、短期間でできるのではないだろうか。

③博士＋ちゃんこ料理屋!?

え？　博士がちゃんこ料理屋を開くの？

いえいえ、そういうわけではない。博士の活用法として、相撲界をまねたらどうかと思って提案している。実はこのアイディア、ある講演会で話して大いに盛り上がったことがある。

最近何かと話題の相撲界だが、基本的には厳しい競争社会だ。出世し幕内力士になれるのはごくわずか。多くは夢半ばで部屋を去っていく。しかし、部屋から出たらさようならではないという。

部屋に所属していたときに覚えたちゃんこ料理の技を活かし、郷土で料理屋を開く者がいる。元力士が開いたちゃんこ料理屋は、その地域の相撲情報や相撲文化の核になる。体の大きな将来有望な子どもがいれば、出身の部屋に情報を伝える。子どもの中には、相撲界に入っていく者もいる。こうして元力士と出身部屋を介して、新しい才能が相撲界に入っていく。人の循環があるのだ。

こうした循環を、科学界も作るべきではないか。元科学者を、競争に破れた負け組と見下すのではなく、将来の科学のために共に働く仲間であると認めるのだ。

私は、こうした元科学者を「科学の大使」と呼びたい。科学と社会の間をつなぐ大使だ。科学館などプロとして活用するのもいいが、他に職業を持ち、余暇としてやったっていい。たとえば、空いた時間を利用して、理科実験教室などを行い、子どもたちに科学の楽しさを教えるというのはどうだろう。研究経験はものすごく生きるはずだ。

本や映像ではなく、研究現場で科学を経験したことは、子どもたちにとっては物凄い刺激になる。これは、少年野球チームに元プロが加わったようなものだ。

こうした話に刺激を受けた子どもの中には、将来科学者になる者が出るかもしれない。研究経験は次の世代に受け継がれ、新たな知が生まれていく。知の循環だ。

相手は子どもたちだけではない。大人相手のサイエンスカフェだってカッコいい。旬の話題にかつての研究経験をちりばめれば、大いに話は弾むだろう。こうしたことが、科学ファンを増やすことにつながる。これはとても重要なことなのではないだろうか。何も実験教室やサイエンスカフェだけにとどまらない。行政を監視する人、ニセ科学をウォッチする人など、何になってもいいと思う。これは次章で詳しく触れたい。

また、小中高の先生になるのも重要だ。もし理科の先生が科学の研究経験があったらどうだろう。

研究現場の生の姿を知り、もっと科学に興味を持つかもしれない。

東大に入ったとき、某都立高校の出身者の何人もが、1人の理科の先生の授業に感銘を受けて東大理系に入ったと言っているのを聞いた。こうした出会いが、人生を変える可能性を秘めているのだ。JSTの調査では、博士号を持った教員がいれば、生徒たちにプラスの影響を与える可能性があることが明らかになった(12)。

私立の学校には博士号を持った先生がけっこういる(13)。公立でも秋田県のように、博士号取得者を特別枠で採用した県もある。博士先生は高い評価を得ているという(14)。他

図28　博士の「ちゃんこ料理屋」構想

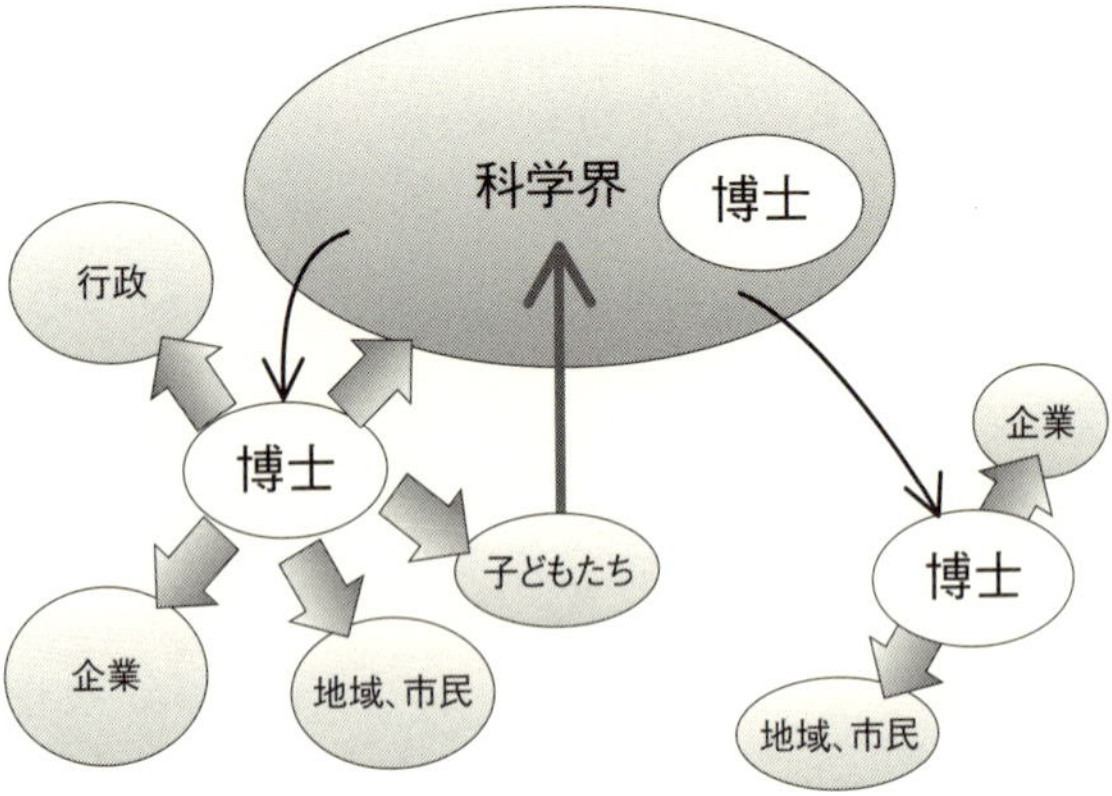

出典：著者作成

にも京都府など数県が博士号取得者を採用している。

また、京都大学と大阪教育大学が共同で、理学研究科の博士課程の学生が教員免許を取得できるプログラムを設けている。日本学術会議も、大学院修了者を教員にすべきとの提言を行うなど(15)、各方面の関心は高い。ぜひ広がってほしい。

科学者コミュニティや政府は、こうした在野の「科学の大使」を支援し、活躍できるような環境や資金を整えたらどうだろう。たとえば実験教室の場所を提供したり、大使たちのイベントに科学者が出たりするのだ。地域の小中学校や科学館などを大使に開放するのもいいかもしれない。博士の活躍の場所と、科学と社会をつなぐ活動をする人材の確保が同時にできる。一石二鳥だ。しかも、税金はそんなにかからない。一石三鳥かもしれない。

④博士＋国会

国会議員に博士を……こんな声を科学者から聞くことがある。日本の科学・技術政策があんまりうまく行っていないのは、科学・技術に精通した国会議員がいないからだ、という主張だ。

私も、科学の研究現場に精通した国会議員がいたほうがいいと思っている。ただ、それを博士の就職先とするには、あまりに特殊すぎる。博士だろうとそうでなかろうと、国会議員になるのはあまりに難易度が高い。

そこで、1つ現実的な道を提案しよう。それは政策秘書という道だ。

正式名称は「国会議員政策担当秘書」。国会法132条2項には、「主として議員の政策立案及び立法活動を補佐する秘書一人を付することができる」と書かれている。これが政策秘書だ。政策秘書になるには、国家試験を受けなければならない。これが結構難しい試験だ。合格率は4～5％と言われている。

そんな難しかったら、博士の進路として現実的ではないじゃないか。そう言われるかもしれない。しかし、政策秘書になるにはもう一つの道がある。博士号取得者は、司法試験、公認会計士試験、国家公務員採用1種試験合格者などとともに「選考採用審査認定」を受ければ政策秘書になることができるのだ。

実は私たちは、博士を政策秘書にしようと動いたことがある。

２０１０年の総選挙で民主党に多数の新人議員が誕生した。このため、政策秘書不足が深刻化した。議席を失った自民党の政策秘書が民主党に行けばいいと思うかもしれないが、やはりライバル党の秘書は採用したくないらしい。

そんな話を聞いた私たちは、某有力議員の秘書の方に、博士を政策秘書にしたらどうか、と打診してみた。秘書の方も乗り気になって、説明会をしようという話になった。

残念ながら政局が動いたりして、実現はしなかった。また、現実問題として今の日本の秘書の仕事は必ずしも専門性を要求されるものではなく、博士の能力が十分発揮できないかもしれないとは思う。

しかしこれからの時代、環境問題や食品の問題、そして成長戦略など、科学・技術の成果が国の行く末を左右することが多くなるだろう。国会議員が科学の素養を身につけることは必須なのではないか。そう考えると、議員が博士の政策秘書を持つことは、重要なのではないか。

アメリカでは、博士を1年程度政治の現場に送り込むインターンシップ制度を設けている団体がある(16)。政治にも博士の活躍の場はあるのだ。

⑤博士＋研究支援者——コサイエンティストという道

教授や研究室のボスになれなくても、何らかの形で研究に関わっていたいという人は結構いる。給料は安くてもいい、一生ポスドクでもいい、何らかの形で研究できるならそれでいい、というのだ。

そういう生き方ができるような環境を整えることも重要ではないか。

そういう生き方の1つに、研究支援職がある。

研究支援職は求められている。というのも、今科学者たちは、研究以外のことでめちゃくちゃ忙しい。会議に出なければならないし、膨大な書類を書かなければならない。大学の先生ならば、講義などもしなければならない。これに加えて大学院生の指導なんかもあり、研究成果を社会に発表することさえ求められる。全部やっていたらとても研究なんかしちゃいられない。教授になったら成果がぱっとしない、というのは、無駄な忙しさが影響を与えている面も多々あるはずだ。

こうした仕事は、現在は、部下である講師や助教、ポスドクや大学院生が一部肩代わりしていのが現状だが、今度はそういう人たちの研究時間がそがれてしまう。

それはあまりにもったいない。研究能力のある人に研究をしてもらわないで何をしてもらうというのだ。

科学者に研究に専念してもらう。そのために、科学者の仕事をサポートする人が必要ではないか。サポートさえあれば、独立してもやっていくことができる。

科学者のアイディアに従って実験する「テクニシャン」、書類を書くスペシャリスト、実験装置のメンテナンスや改良を行う人、そして、研究成果を市民に伝える人……さすがに会議などは代理人が出るわけにいかないだろうが、そういう研究補佐を、職業としてきちんと認めたらどうだろう。実は日本はそういう人が諸外国に比べて少ないのだ(図29)(17)。

医療の世界には、医師のほかに、看護師、薬剤師、臨床検査技師、栄養士、助産師など、コメディカルと呼ばれる様々な職がある。それぞれが専門職として、お互いに敬意を払いながら協力して仕事にあたっている。チーム医療というやつだ。

科学の世界も、個人でやる時代から、チームでやる時代に移ってきている。だから、科

図29　主要国等の研究者1人当たりの研究支援者数

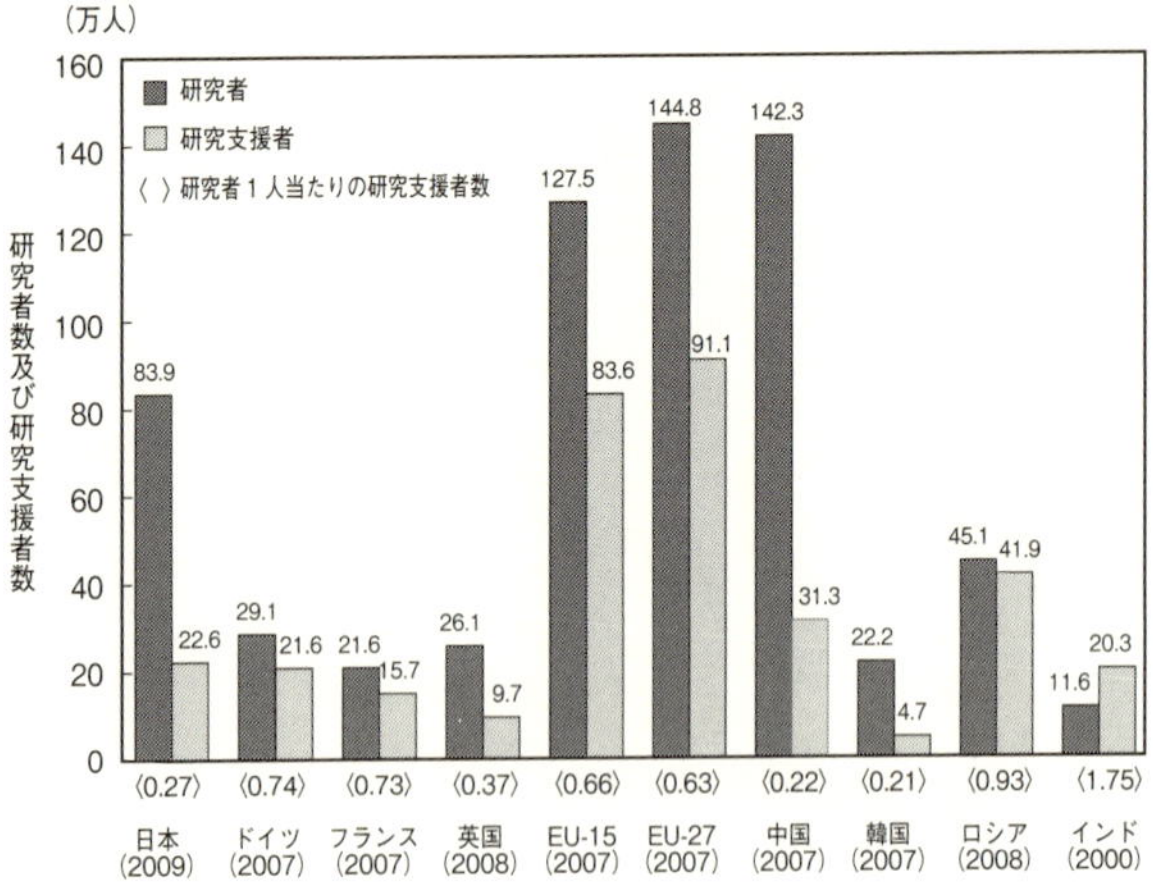

出典：科学技術要覧(2010年)

学にもコメディカルならぬコサイエンティストとでもいう専門職を設けるべきではないか。

ただ、医療では、それぞれが最初から違ったキャリアパスを歩んでおり、横移動はしにくい。だから、医療と違って、科学者からコサイエンティストへの移動は自由にするという工夫は必要だ。

コサイエンティストがいれば、科学者は研究に専念できる。ずっと研究に関わっていたい人たちにとっても、1つの現実的な生き方になる。研究をすっぱりやめてしまい、別の道に行くよりは、こうした生き方ができるのならいいな、と思っている人は多いはずだ。


テクニシャンだけではない。最近大学や研究機関は「アウトリーチ」、つまり研究成果を社会に公開することが求められている。これは政府の方針でもあり、科学技術基本計画にも明記されている。

そこで、研究機関の中には、広報専門の職員を雇うところも増えてきた。プレスリリースなど、研究機関での成果を社会に広く発信するためだ。

また、文部科学省は、「研究活動に専念できる支援体制整備に向けた専門スタッフの養成」を行うという(18)。「研究開発に知見のある博士号取得者等の若手研究者を大学がリサーチ・アドミニストレーターとして雇用・育成することを支援」し、「各大学の戦略にあわせたリサーチ・アドミニストレーターの受入れ・活用体制を整備、ポスドク等博士号取得者等をリサーチ・アドミニストレーターとして雇用し、ＯＪＴを実施」するという。

サッカーで言えば、科学者だけしかいないというのは、ストライカーだけのチームのようだ。いくら世界的な選手がいたとしても、組織力や戦術がなければ、試合に勝てない。ワールドカップでは才能を持った選手があふれていたブラジルやアルゼンチンが敗退してしまったではないか。

一見遠回りに見えるかもしれないが、ストライカーだけでなく、ディフェンス、キーパー、チームスタッフ、そして観客や地域住民（代表なら国民）に至るまで、すべてが積み重なって勝利がある。

科学者に才能を発揮してもらうにはどうすればよいか。根本から見つめ直せば、答えはおのずから出てくるはずだ。

活躍の場は「中間的な科学・技術」

このように、博士が活躍できる場は、科学の世界にも、そして科学の外側にも広がっている。ここでは触れなかったが、特許、法律、知的財産、マネジメントなど、博士が活躍しうる領域はたくさんある。

これらの領域は、最先端を追う科学、いわば「カッティングエッジ」な科学と、ある程度確立された知識を人々に教える理科教育の間に位置する。

私のNPOの仲間でもある春日匠氏は、これを仮に「中間的な科学・技術」と呼んでいる。ここに博士が活躍できる領域が広がっている。

中間的な科学・技術は、まさに博士＋Xだ。Xは確かに最先端ではない。そういう意味で、科学者はXに関わることを二流だと思い、軽視しがちだ。

しかし、それはたとえば地域の環境の問題のように、生活に密着するものだったり、科学・技術と社会の双方向コミュニケーションに関わるものだったりと、とても重要な役割を果たすはずだ。

そして、そこでは、ベンチャー企業やＮＰＯなどが重要な役割を果たす。

それは、政府ではとらえ切れない人々のニーズに応えることにつながる。政府にかわり公共の役割を果たす、「新しい公共」にも関わってくる。

鳩山由紀夫前首相は所信方針演説で以下のように述べた。

私が目指したいのは、人と人が支え合い、役に立ち合う「新しい公共」の概念です。「新しい公共」とは、人を支えるという役割を、「官」と言われる人たちだけが担うのではなく、教育や子育て、街づくり、防犯や防災、医療や福祉などに地域でかかわっておられる方々一人ひとりにも参加していただき、それを社会全体として応援しようという新しい価値観です（第１７３回国会における鳩山内閣総理大臣所信表明演説２０１０年10月26日）。

科学・技術の成果を、地域のために活かす、科学・技術と社会の双方向コミュニケーションのために活かす活動を、ベンチャー企業やＮＰＯなどで行っていくというのは、まさに新しい公共ではないだろうか。

博士の活躍を促すために

ここではあまり触れなかったが、Ｘにはベンチャー企業も含まれる。日本では、なかなかイノベーションを生み出すようなベンチャーが生まれないという。その理由を考えるのは本書の範囲を超えている。ただ、言えるのは、博士がそれを担う人材の源だということだ。

また、活躍の場は日本に限らない。博士が他の国で社会貢献すれば、それは平和に対する貢献になる。

Ｘはここで挙げた以上にどんどん広がる。国ができる役割は、博士の活躍を促すための仕組みを整えることではないか。流動化を促すことがまず第一。終身雇用や年功序列の壁を取り払い、正規、非正規の垣根を低くすること。第二は、専門性以外に、社会で役立つ能力を身につけさせること。規制を取り払うのは不可欠だが、もっと活躍するために身につけるべきこともある。

博士を雇ってみたものの、期待はずれだったという声をちらほら聞く。もちろん、その理由の多くは、博士だってピンからキリまでいるのであり、博士がダメなのではなくて、その会社が必要とする人がこないというだけなのではないかとは思う。これまで述べてきたように、大学と社会を行き来しにくいから、なかなか優秀な人が社会に出てこない。これも年功序列、終身雇用をやめれば解決する。

とはいうものの、全体の底上げは必要だ。

日本の企業で博士が活躍できない理由として、東大名誉教授の後藤晃氏は以下のような点をあげている(19)。

日本の大企業が近年までは、文章や図式といった形でコード化することが困難な暗黙知を共有し、生産や販売の現場の知識を共有することを通じて強い競争力を生み出してきた。このような志向性のもとでは、社内の教育と経験が極めて重要だからである。

しかし、こうした状況は変わりつつあるという。

産業界においても、技術開発においては暗黙知や擦りあわせに加えて、高度な科学的知識の重要性が増大しており、潜在的にはそのような知識を身につけた人材への需要は増えているはずである。

需要にこたえる人材とはどのようなものか。具体的には「マルチディシプリナリーな専門能力を有しており、研究計画を立案し推進しその中で生ずる様々な問題に対処する経験や能力を持った人」だという。アメリカの博士号取得者はこうした能力を持っているから、企業が採用するという。

これは、何も企業で活躍するためだけに必要な能力ではない。優れた研究者はこのような能力を持っている場合が多い。そして、こうした能力を持った人は、社会の様々な場で活躍できる。そう考えると、大学院でこうした能力を身につけることは重要ではないか。

正規のカリキュラムに組み込めなくても、たとえば、日本学術会議が提案したように、博士号取得後のリカレント教育が必要ではないか。社会に出たあとに、専門に加え社会で繁用される分野の知識や技術を身につけることができ、強い博士＋Xになるような講座などがあればいい。

復員兵にトレーニングを施し、経済発展の基盤にしたアメリカの例を紹介したが、博士のようにすでにある程度技術を身につけている人材に、プラスXが加われば、すごい戦力になる。

ただ、それは政府に丸投げすればいいというものではない。企業も含めた社会の様々な立場の人たちの声を取り入れ、教育を改善していくことも重要のように思う。

日本経団連は、２００７年に発表した報告書「イノベーション創出を担う理工系博士の育成と活用を目指して」の中で、大学に対しては学生の選抜を厳しくし、教育を改善するように求めるとともに、企業には優秀な博士号取得者を積極的に採用するように求めている。

本稿執筆中にニュースが飛び込んできた。文科省と経産省が企業の人事担当者と大学の学長らを集めて、人材開発法を協議し、ポスドク、博士を雇用するための行動計画を立てるという(19)。

このように、様々な立場の人たちが、活躍できる博士を育成するために、力を合わせるべきだと思う。ちょっとお金がかかるかもしれないが、それでもっと活躍してもらえば、十分もとがとれるはずだ。

1　http://www.nap.edu/catalog.php?record_id=11249

2　竹内洋『大学・教養・インテリ　高学歴ワーキングプア問題解決にむけての大学院改造案　教養難民の系譜（15）』http://www.nttpub.co.jp/webnttpub/contents/university/015.html

3　朝日新聞2010年7月16日

4 科学技術基本計画（平成13年度〜17年度）に基づく科学技術政策の進捗状況（3）
http://www8.cao.go.jp/cstp/output/iken040526_3_3.pdf

5 Science, Vol 303, Issue 5665, 1746 , 19 March 2004

6 文部科学省の資料より。複数の資料に同じ図が出ている。

7 Peter Fiske Nature Vol. 465, p.123, 5 May 2010

8 ２００９年中小企業白書　第４節 技術革新を生み出す技術・技能人材の確保と育成
http://www.chusho.meti.go.jp/pamflet/hakusyo/h21/h21/html/k2420000.html

9 JREC-IN http://jrecin.jst.go.jp/seek/SeekTop

10 株式会社アカリク　http://www.acaric.jp/

11 キヤノン株式会社の新卒採用活動及び大学院教育に関する見解について　文部科学省中央教育審議会　大学分科会　大学院部会　第44回資料
http://www.mext.go.jp/b_menu/shingi/chukyo/chukyo4/004/gijiroku/attach/1288747.htm

12 「平成20年度高等学校理科教員実態調査報告書」http://www.jst.go.jp/pr/info/info725/index.html

13 『失敗しない大学院進学ガイド』（日本評論社　２００６年）で取り上げた。

14 秋田県教育委員会　博士号教員の活用について　平成21年5月18日
http://www.mext.go.jp/b_menu/shingi/chukyo/chukyo4/004/gijiroku/attach/1288749.htm

15 日本学術会議　これからの教師の科学的教養と教員養成の在り方について

http://www.scj.go.jp/ja/info/kohyo/pdf/kohyo-20-y1.pdf

16 綾部広則　アメリカ科学振興協会ともう一つの科学コミュニケーション　科学技術コミュニケーション　2巻　p56-62　２００７年　http://hdl.handle.net/2115/28260

17 『科学技術要覧』２０１０年

18 研究費・プロジェクト系教育経費の効果的予算措置に関する中間報告（案）平成22年7月29日（木）文部科学省　予算監視・効率化特命チーム　http://www.mext.go.jp/component/a_menu/other/detail/__icsFiles/afieldfile/2010/08/04/1296437_13.pdf

19 後藤晃「理工系人材のキャリアパスと日本のイノベーション・システム」『科学』２００６年６月号

20 毎日JP　２０１０年7月6日「ポスドク：博士号取得者の就職難解決へ……産学「計画」で本腰　行動定め始動

Column 4

博士の質

私は医学の分野で博士号を取得したので、博士（医学）になった。あれ、医学博士じゃないの？とおっしゃる方がいるかもしれない。

実は昔は理学博士、医学博士と言ったのだが、現在では博士は1種類しかない。専門は博士のあとにかっこをつけて表すのだ。

このかっこに入るのは、医学、理学だけでない。工学、農学、薬学といったおなじみのものから、神経科学、農業工学といった細かい分野のものまで、数十種類もある。

なお、博士（医学）は、ここだけの話、他の博士に比べて比較的簡単に取ることができると言われている。博士（理学）を取るためには、たとえば査読付き英語論文を3報書かなければならない場合もあるが、医学では多くの場合1報でもよい。しかも日本語の論文でも可能だという。

そして、病院の箔付けなんかに使われたりする。よく、病院の広告に医学博士などと書かれているが、ああいう感じに使われる。博士が診察してくれる病院はいい病院だ、となるから、みんな博士号を取得したくなる。

逆に言えば、簡単に取れる博士号をどうして取ってないの、ということにもなる。勤務医の場合はちょっと給料が高くなる。だから医者はこぞって博士号を取得するのだ。

私は、大学院に通わずに博士号を取得した「論文博士」だ。

学校教育法一〇四条によって、「博士の学位を授与された者と同等以上の学力があると認める者」は、大学院に通わなくても博士号を取得することができたのだ。

具体的には、大学に論文を提出し、審査を受け、認められれば博士になれる。これは日本独特の制度だ。

この論文博士には批判がある。これがあるおかげで、博士課程で研究し、博士になった人間を採用する必要がなくなるからだ。

このように、博士には統一基準などない。分野の違いだけではなく、どの大学、どの専攻で取得するかによっても、結構基準が違うのだ。だから、一口に博士と言っても、持っている能力、できることにはばらつきがある。

博士というだけでは、何ができるのか分からないというのが、博士号の弱点かもしれない。

第5章 博士が変える未来

今まで、博士の能力がいろいろな場で生きることを示してきた。こんな博士を使わなきゃ損だと思う。

ただ、博士の活躍の場はそれだけにとどまらない。博士を待っている新たな世界があるのだ。

ここで、新しい博士の生きる道を提案したい。

ブダペスト宣言

1999年、世界各国から科学者や科学・技術政策に関わる人たちが、ハンガリーの首都ブダペストに集まった。

そこで話し合われたのは、科学のあり方だ。それまでは、科学と言えば、科学のための科学だけだった。つまり、好奇心に従い、未知なことを明らかにするのが科学だった。

これは大成功だった。人々の生活は豊かで便利になった。長生きできるようになり、安全で快適な社会が実現した。

ところが、科学が巨大化し、また社会に大きな影響を与えるようになり、環境問題のような負の側面が生じた。好奇心に従い研究しているだけでは不十分だと言われるようになってきた。

そこで、科学者たちが科学のあり方を徹底的に議論し、宣言にまとめた。これがブダペスト宣言だ。

正式名称は「科学と科学的知識の利用に関する世界宣言」。

宣言の前文は、「科学は人類全体に奉仕すべきものであると同時に、個々人に対して自然や社会へのより深い理解や生活の質の向上をもたらし、さらには現在と未来の世界にとって、持続可能で健全な環境を提供することに貢献すべきものでなければならない」と述べる。

そして、科学を4つに分類している。

1　知識のための科学：進歩のための知識

2　平和のための科学

3　開発のための科学

4　社会における科学と社会のための科学

知識のための科学が、今までの科学だ。もちろん、これがこれからも重要なのは当然だ。これと同時に、21世紀の新しい科学のあり方として、のこりの3つが宣言されたのだ。

中でも重要なのが、社会のための科学だ。

科学技術振興機構（ＪＳＴ）の有本建男氏は、この宣言の重要性は、「『科学のための科学』だけでなく『社会のための科学』、科学を社会へ還元しないと社会の信頼と支持は得られないということを確認した」ことだと述べている(1)。

社会のための科学とは何か。宣言では以下のように述べられている。

科学研究の遂行と、その研究によって生じる知識の利用は、貧困の軽減などの人類の福祉を常に目的とし、人間の尊厳と諸権利、そして世界環境を尊重するものであり、しかも今日の世代と未来の世代に対する責任を十分に考慮するものでなければならない。

科学は社会のために役立たなければならないということだ。

もちろん、「科学のための科学」の重要性には変わりはない。

けれど、すべての科学者が自由に研究をしていればOKという時代は終わった。人類が抱える様々な問題の解決に、科学的知識は不可欠だ。そして、科学者自らが、科学的知識を用い、問題解決に挑まなければならない。それを宣言したのが、ブダペスト宣言だった。

社会のための科学と博士――科学2・0へ

それから10年以上たった。残念ながら、科学者1人1人の精神にこの宣言の趣旨が浸透しているとはまだ言い難い。

マイクロソフトの元会長、ビル・ゲイツは、カリフォルニア大学バークレー校での講演の中で「最も優れた頭脳は、最も困難な問題に取り組んでいるだろうか。その答えは、おそらくノーだと思う」と述べ、優秀な人間が食糧の供給、クリーンエネルギーの開発、病気との闘いといった世界が抱えている問題に取り組んでいないことを嘆いた(2)。

もし博士が、自分の持つ能力を自分のためだけに使うことばかり考えていたとしたら、社会から無視され、軽蔑されても文句は言えない。

でも、今ならまだ間に合う。今、科学者が、博士が、社会のための科学という意識を持ち、行動すれば、この世の中はもっとよいものになる。私は、社会のための科学の中に、博士の能力を今まで以上に活かすカギがあると確信している。

では、博士が社会のための科学を行うには、どうすればよいのだろう。環境など、社会に関わる科学を研究するのも重要だが、それだけではない。米本昌平氏は次のように述べる。

情報化社会の理想は、多様で正確な情報が、いつでも、自由に手に入れられることなのだが、日本の現実はそれからはるか遠い状態にある。メディアがメディアを引用し、ネタ元が同じと思われる情報が、大量に表層を流れているだけである。落ち着いてわれわれの到達点を点検し、将来にむけて考察をめぐらすためには、個々人が切実に必要と思ったときに、ハードな科学情報が有用な形で入手できないといけない。そのための供給システムは、古臭い「科学啓蒙」のイデオロギーから抜け出していなくてはならない。専門家だからという理由で、利害当事者である科学者に情報を汲み出す作業をまかせきるのではなく、科学研究に共感をもちながらも、これを突き放した中立的な視点から科学論文を読みとく読み手を、社会の側が確保することがぜひとも必要である。そして正確で、公平で、安定した自然の姿がわれわれの間で共有された後、そこに共通の意味体系もおのずと浮かびあがってくるのであろう(3)。

これは、まさに、科学界を飛び出し、社会に出ていった博士の役割ではないだろうか。

食品、環境、医療など、様々な分野で、科学・技術と社会の軋轢が生じている。本書執筆中にも、代替医療の「ホメオパシー」で、死者が出るという事件が明らかになったが、根拠のない医療が広がっているという事実は、科学・技術と社会の間にほころびが生じていることをよく表していると思う。

そんな中、科学者が一方的に、これは安全です、これは問題ないです、と言っても、何か隠しているのではないかと不信感を抱くだけだ。科学者の側も、市民は分かっていないと見下す。相互の不信が高まっているのが現状なのではないか。そこに「ホメオパシー」のようなものが入り込むすきがある。

そこで、研究経験を持ち、論文を読み解くことのできる博士が、第三者として情報を収集し、公平な立場から意見を言うようになれば、市民の側は、科学者が情報を隠しているという疑いを解くことができる。科学者側も、市民に専門を理解できる人材がいると知れば、よい意味での緊張感が生まれ、不都合な情報を隠したり、ごまかしたりすることができなくなる。

研究は市民の権利

米本氏はさらに、「研究することは市民の基本的人権」とさえ述べている(4)。

研究という基本的権利を、いまほとんどの人は職業研究者に託している。もしこの権利を個々人が自ら行使しようとしたらどうなるか。科学のあり方、大学のあり方に根本的変化が生じてくるに違いない。

この種の個人の研究活動が組織化されれば、既存の権威を監視しチェックする知的なNGO（非政府組織）として重要な社会的機能を担うことになるだろう。

面白がりながらも切実にこつこつと研究活動を続ける知的な市民が、自ら問題を発掘し、研究調査し、解決策を模索していく形こそは成熟した民主主義社会における政治参加の理想形だと思う。

ここにも、博士の能力が生きる道がある。研究経験のある博士が、市民とともに研究を行えば、市民にとっても大きな力になる。博士にとっても、新たな活躍の領域が生まれる。在野で研究を行う「市民科学者」という領域だ。

趣味として、興味の赴くまま研究してもよい。研究が盛んになれば、経済的にもプラスの効果が生まれる。研究を行うための資料や器具などを売り買いするような、いわば市民科学者市場ができる。米本氏は市民が研究を行うことによって、景気を活性化することができると言っている。

そして、必要や関心があれば、あるいは依頼があれば、地域の環境問題に関する研究を行うなど、市民のニーズや要望に沿った研究を行う。たとえ最先端でなくても、地域にとって必要な研究もある。こういう研究こそ市民科学者の活躍の場だ。

法律相談所のように、人々が科学が関わる問題の解決のために相談にいく。こうした場所を「サイエンスショップ」と言う。欧米ではすでにこうした活動が盛んに行われている。日本でも大阪大や神戸大が取り組んでいるが、大学ではない場所にもどんどん広がっていくべきだと思う。

大学でも企業でもなく、市民として、原著論文を読み解きながら、研究も行い、普通にしていいては見過ごされがちな問題を解決していく。そして、政策や科学・技術のあり方に意見を言っていく。はやりの言葉で言えば、科学2・0とでも呼ぼうか。

科学2・0になれば、博士は大学や研究機関にしがみつく必要はまったくない。大学院は科学者のトレーニングの場として重要であり続けると思うが、博士号を取得したら、どんどん社会に出ていってもいいわけだ。

実は、社会の中で研究する科学者という存在は、新しいものではない。原子力の問題に取り組んだ高木仁三郎博士、水俣病の問題に取り組んだ宇井純博士は、市民科学者の先駆者と言える。

高木博士は、東京都立大学の助教授を辞めて、市民として原子力問題に取り組んだ。原子力資料情報室を立ち上げ、批判的な立場で原子力政策を見つめた。宇井博士は、東大の助手でありながら、自主講座「公害原論」を開講し、市民の立場に立った活動を行った。

高木博士、宇井博士はともにすでに故人となったが、先人の遺志を受け継ぎ、市民として研究する博士が増えてほしい。

とは言うものの、それは職業として成り立つのか。食っていくことができるのか。

NPOがつくり出す多様な社会

内閣府の調査では、内閣府に登録するNPO法人のうち、「科学技術の振興」を活動分野に掲げるNPO法人は、2000程度(5)。他の分野に比べて圧倒的に少ないのが現状だ(図30)。

ただ、逆に考えれば、科学・技術に関わるNPO法人には、増える余地がたくさんあるということでもある。

もし科学・技術に関わるNPO法人が増え、様々な活動を行えば、科学・技術と社会の関係はもっと密接なものになる。科学・技術が人々の多彩なニーズにこたえるようになり、そこに雇用が生まれるかもしれない。

政府も、科学・技術に関わるNPO法人に期待をしている。

図30　NPO法人の数

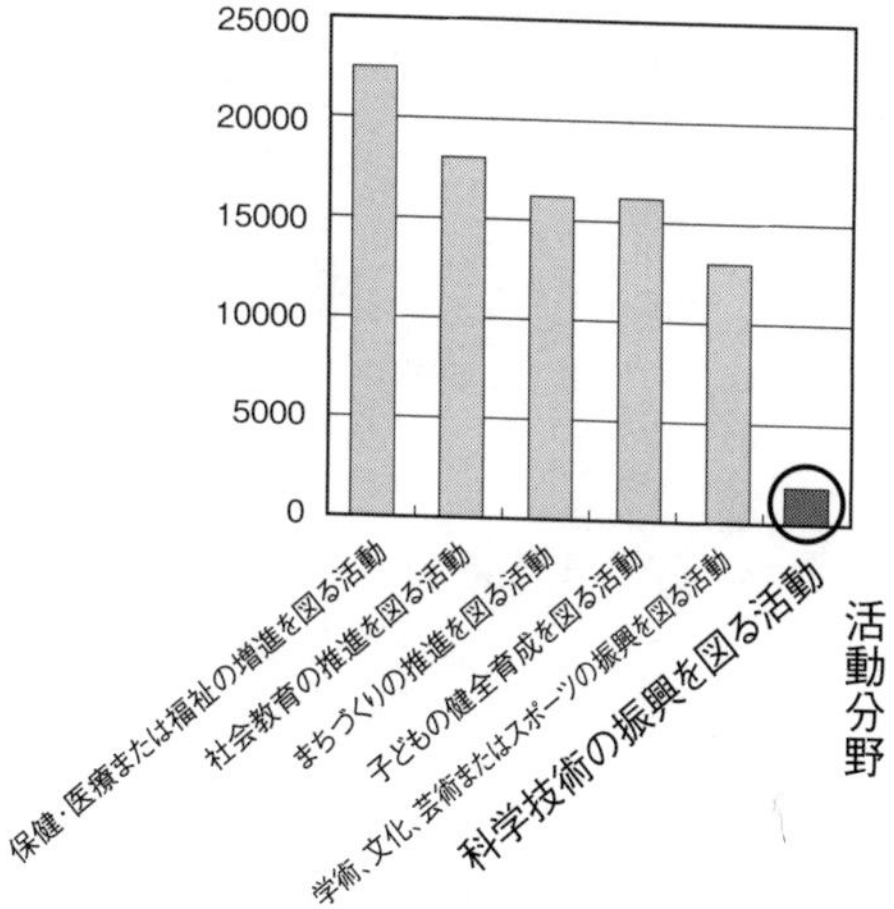

出典：内閣府ホームページから著者作成（2009年12月31日現在）

科学技術の振興を目的とするNPO法人（特定非営利活動法人）については、他のNPO法人と比較してもその数は依然として少ない状況にあるが、NPO法人は、地域社会と密接にした活動や、個々の国民の要望に対応してきめの細かい対応も可能であるなど、新たな科学技術活動の担い手として期待されている。我が国の科学技術の方向性や社会的活動を評価し、又は、国民参加型の議論を活性化する等の役割を果たしていくことが考えられる（科学技術白書　2004年）。

あまりイメージがわかないかもしれないが、アメリカは強烈な助け合いの国、自助の国で、国がやらない代わりに、NPOが公共の活動まで行う。

その最大のものが、全米科学振興協会（AAAS：トリプルエーエスと読む）だ(6)。この組織は、日本ではなんと江戸時代の1848年に、科学の振興のために作られたNPOで、世界各国に1000万人以上の会員がいる。実は私も会員の1人だ。科学雑誌サイエンスを出版していることで有名だ。

この組織は、元会長が大統領の科学アドバイザーに就任したり、各国の政府と交流して科学外交を行うなど、政府にも近い。私たちが持っているNPOのイメージで考えると、ちょっと誤解するかもしれない。日本で言えばある種の国の機関のようなものだ。そういう活動を民間団体が行ってしまうのだから、驚いてしまう。

このAAASが、ポスドク問題を含めた科学者のキャリア問題に熱心に取り組んでいる(7)。たとえば、政府機関でのインターンシップのあっせんや、進路に関する情報の提供、キャリアガイダンスなどを行っている。

情報提供の1つが、ウェブサイト「サイエンスキャリア」だ(8)。職そのものの情報提供から、職を得るためのアドバイスの提供、キャリアに関するガイドブックの出版などを行っている。

こうしたNPOは、AAASだけではない。ポスドクの団体である全米ポスドク協会(NPA)は、政府に対するロビイングから、セミナーの開催まで、多彩な活動を行っている(9)。

フランスでは、政府機関、企業、研究機関、大学などが支援するNPO「ベルナール・グレゴリー協会」が中心になって、コンサルティングや就職データベースの作成、セミナーや就職フェアなどを行っているという。

NPOは何もNPO法人に限らない。株式会社だろうと、任意団体だろうと、一般社団法人だろうと、何でもいい。広い意味で自発的な活動を行うのがNPOだ。科学・技術NPOは、国が増やせと言っても増えるものではない。ただ、社会の仕組みが変われば、NPOがもっと活躍できるかもしれない。たとえば、科学論文をどこにいても読めるようにしたり、必要に応じて実験などができるような、「貸し研究室」を用意するといったことだ。

NPOはいわば「未開」の活躍の場だ。ここに老若男女、立場を問わず、博士号を持った人がどんどん参入すれば、社会は大きく変わる。たとえば、定年でリタイアした科学者が、その経験を活かすNPOで活躍すれば、大きな社会貢献になる。

よく科学はスポーツに例えられる。科学者はプロであり、自己責任で動けと。ならば、Jリーグキャリアサポートセンターのことはご存じだろうか。

スポーツ選手が現役で活躍できる期間は短い。多くの選手が、引退後の生活に不安を抱いている。そこで、Jリーグでは、キャリアサポートセンターを立ち上げ、インターンシップや研修などを行い、現役生活後も自立して生活できるような支援を行っている。このように、国まかせにするのではなく、博士のキャリアサポートに取り組むNPOがあってもいい。

いろいろな才能がNPOで活躍する社会。想像しただけで楽しくなってくる。博士やポスドクの問題は、科学・技術NPOを増やす大きなチャンスなのではないか。密かにそう思っている。

科学に関わり続けよう

多くのNPOは、それだけで生きていくのは難しい。私も医師としての仕事の傍ら、空いた時間を利用して活動しているだけだ。こうしたNPOの弱さは大きな問題だ。やはり、活動内容、財政ともにきちんとした、「強いNPO」「エクセレントNPO」を目指す必要がある(10)。

ただ、たとえ余暇で活動せざるを得ないとしても、それは大きな意義があると思っている。

研究を辞めて別の道に進むというのは、それなりに挫折感を伴う。私自身がそうだったから、非常によくわかる。今まで多くのことを投げ打ってやってきたことを諦めるのだ。それはそんなに簡単ではない。

そうした博士の心を甘いというのは簡単だ。スポーツ選手だって、芸術家だって成功できるのは一握り。多くは去って行き、見返りなんか求めないではないか。確かにそう言いたくなるのはよく分かる。しかし、すでに述べたが、スポーツや芸術はアマチュアとしてずっと行っていくことができるのに、科学は一度外の世界に出てしまえば、研究し続けることは難しい。だから、そう簡単には科学界から離れたくないのだ。

しかし、逆に考えてみよう。余暇としてでも研究したり、科学に関わる重要な役割を果たすことができたら、研究以外の職に就くときの心の葛藤は和らぐのではないだろうか。

私自身の経験でも、これはよく分かる。私は研究者としては成功できなかった。博士課程を中退し、方向転換して医師になった。論文博士は取得したものの、研究の世界からは足を洗った。悔しかったし、後悔もした。昔の仲間の活躍を見ると、心が疼く。

けれど、本業の傍ら科学と社会を考えるＮＰＯ法人を立ち上げて活動する中で、今の生き方に自信が持てるようになった。

大学や研究機関などでしか研究できないという状況や思い込みが、しがみついてでも大学に関わろうというこだわりを生む。大学でなくても研究ができれば、そんなこだわりはなくなる。

今までの研究に直接関係がない、いわば食っていくための仕事に就かざるを得なくなっても、問題はない。そうして行った研究が認められれば、大学に戻ればいいし、そうでなくても、そのまま研究を続けていけばいい。

大学がポスドクや非常勤講師として博士を安く買いたたくのも、あんたら大学にいたいんでしょ、だから安くてもいいでしょ、と買いたたかれているのだ。ひどい条件でこき使っても、あんたらボイコットなんかできないでしょ、と足元を見られているからではないか。

これも、もし科学界以外で研究ができるのなら、そんなひどい条件なら行きませんよ、という交渉ができる。このように、社会の中でも研究ができる、そういう状況を作り出せば、大学も、科学も、そして社会も、大きく変わっていくのではないだろうか。

もちろん、大学でやっていた研究そのままを続けるのは難しいだろう。多少の方向の修正は必要だ。けれど、前章で述べた、科学技術コミュニケーションに関わる科学の大使として、科学を外側からチェックする人として、あるいは市民研究者として研究歴を活かすことができ、それを重要な役割として、科学者たちや社会から認められたら、それは十分生きるに値する素晴らしいことではないか。

その意味でも、日本にもAAASのような分野横断的な科学者の自発的なNPOが必要ではないか。

日本学術会議は、一流科学者のみが所属する科学アカデミーに分類される団体だ。これは世界各国にある。いっぽうAAASに相当する組織は、EUやイギリスなどにはあるのだが、日本にはない（図31）。ないなら作ろうというわけだ。

図31　科学技術関連NPO

	アメリカ	欧州	日本
科学コミュニティ	National Academies	各国科学アカデミー	日本学術会議
分野横断的自発的研究者NPO（市民も参加可）	AAAS（全米科学振興協会）	Euroscience British Science Association	ない
市民との交流（年次大会）	2月開催	あり	11月 サイエンスアゴラ（JST主催）
中小規模のNPO	「憂慮する科学者同盟」「National postdoc association」他多数	「CaSE」「Observa」他多数	「日本科学者会議」サイエンスカフェを行う団体 少ない

出典：著作作成

日本学術会議とAAASのような組織の何が違うのか。AAASは先ほど科学者組織と紹介したが、実は科学者だけでなく誰でも入れる。私のような外国人だって、若手研究者だって、一般市民だって、お金さえ払えば入れる。

ある種雑多な集団だが、「科学の発展に寄与する」というミッションは共有している。ミッションは共有しても、分野や所属を超えているからこそ、政府や企業、大学などに堂々とモノが言える。また、多彩な参加者の交流にも力を入れており、毎年開催される年次大会には、政策を議論するようなセッションから実験教室まで、多彩な企画が行われる。

これに対し、日本学術会議は、入会者は一流科学者に限られている。優れた提言を発表しているとは思うが、博士の問題については、どうも他人事のような感じがする。そもそも文部科学省の関連組織であり、政府から独立していない。

これを反省してか、日本学術会議内に、若手科学者限定の「若手アカデミー」ができるという。今後に期待したいが、科学アカデミーには科学者の代表としての役割もあるのだろうから、何もかも日本学術会議に背負わせてしまう必要はない。

そこで、日本にもAAASのような、科学者、市民、マスコミ、政府関係者など、多様な人たちが加わる、科学のための、科学の在り方を考える、既存の組織に属さない、自発的で独立したNPOを作りたい。

科学・技術をどのような方向に向かわせるのかという問題、事業仕分け以来言われている、科学者が研究内容をあまり社会に説明してこなかったという問題、理科教育や科学コミュニケーションをどうするべきかという問題、科学に対する市民の願いや意見を受け止めるという問題、諸外国の発展や平和、医療や福祉のために科学・技術をどう役立てるのかという問題……こうした問題を、多彩なバックグラウンドを持った人たちが、フラットな立場で話し合い、行動する組織にしたい。博士の問題は、こうした現代の科学・技術が抱える大きな問題の中の一部であり、それだけを取り出しても解決しない。

日本版AAASも、諸外国の組織と同じように、現代社会が抱える諸問題に、科学・技術の視点から議論し、提言する組織にしたい。

すでに160年もの歴史があるAAASのような組織を、現代の日本で作ることができるのか。

確かに簡単にはできないだろう。1300万人もの会員を数年で束ねるような組織が作れるとは思えない。

しかし、AAASをモデルに作られたEUのEuroscienceという組織は、1990年代にわずか数年間の準備で設立にこぎ着けた。そう考えれば不可能ではないと思う。

また、AAASをリアルな組織として作る必要はないのかもしれない。AAASのような働きをする何かを作ればよいだけで、組織そのものをまねる必要はない。ウェブ技術の発展を考えると、何か新しいものが生まれるかもしれない。

2010年代の世界には、twitterをはじめとする様々なウェブ技術がある。こうした技術を駆使すれば、より簡単にできるかもしれない。

無謀にも私は、日本版AAASを作ることを目標に動き始めている。現実の壁は厚いが、あきらめてはいない。きっとできると信じている。

市民の役割

今後の日本の科学の在り方を決めるのは市民だ。極端なことを言えば、市民が科学なんて必要ない、予算など削減しろと言えば、それに従うしかないのだ。それが民主主義というものだ。

事業仕分けは博士にとっては衝撃だったが、多くの市民は支持した。その決定には従わなければならない。

博士やポスドクはどういう力を持っているのか、放っておくと日本がどうなるのか、それを知ってもなお、科学などいらないと言うのなら、あきらめるしかない。

けれど、科学をどうするかを決める前に、科学の現状を知ってほしいという思いでこの本を書いた。多くの人たちは、博士やポスドクの実態を知らない。知らないで意思決定はできないからだ。高学歴ワーキングプアと自己責任。何にも役立っていないという先入観。そんなあいまいなもので科学の未来を決めていいのか。

その代わり、市民は科学や科学者、博士にどんどん注文をつけていいのだ。科学の恩恵を受ける市民として、納税者として、当然の権利だ。研究成果を分かるようにちゃんと説明してくれと言おう。今社会にはこういう問題がある、そこに力を発揮してくれ、とはっきり言おう。そして科学者は、その声に耳を傾けなければならない。

科学者の言いなりになるのではなく、科学を疑い、科学に注文をつける積極的な市民が今求められている。そんな市民の求めに応じて、中立の立場で科学を見つめることのできる市民科学者がいれば、市民が科学のバックグラウンドを持っているか否かは関係ない。

市民の科学的知識や研究力というのは、実はかなり高度だ。地域の環境問題などでは、科学のトレーニングを受けていない、当然博士号など持っていない市民が、優れた研究を行っている(11)。

また、病気の患者さんやそのご家族の医学的知識は、専門家を超えることがある。医師としての私の経験でも、それを感じることがある。病室で自分の病気の論文を読んでいる患者さんを目撃することもあるし、医者でも知らない質問をされて、しどろもどろになったことだって何度もある。身内の命に関わることなど、必要に迫られたら、誰でも専門論文だって軽く読みこなすのだ。

また、市民というのは無知な存在ではなく、地域や生活のことを科学者以上に知っている、いわばローカル知の専門家なのだ。科学研究のトレーニングを受けた博士が、共同研究者として市民活動に加われば、ものすごい力になる。

考えてみれば、科学者だって、自分の専門領域以外の知識は、一般市民と対して変わりはしない。そう考えれば、科学者は市民と対等だと言える。科学者と市民が同じ土俵に立って交流すること、上下が関係ない対話（ダイアローグ）から、すべては始まるのだと信じたい。

アメリカやフランスの大統領選。科学雑誌Ｎａｔｕｒｅの表紙に候補者の顔写真が躍る。人々は候補者の科学に対する姿勢も考慮に入れて投票する。

日本では、選挙公約で科学が取り上げられることはあっても、論争になることはまれだ。せいぜい事業仕分けが取り上げられたくらい。

市民のみなさんには、ぜひ科学が選挙の争点になるくらい関心を持ってもらいたい。その上で、科学の未来のために票を投じてほしい。科学の未来、博士の未来はみなさんにゆだねられているのだから。

博士が変える未来

博士が危機だ、なんとかしなければ、とここまで書いてきたが、実は私は、博士の未来を悲観はしていない。私の大好きな本の一節を引用したい。


大学院修士課程を終えた私は、ある時、ひょんなことから塚本《つかもと》教授に食ってかかった。

「研究者なんて糞《くそ》だと思います。何もできないくせに口ばっかりで!」

すると窓の外に目をやった先生は、静かな声でこう言った。

「糞だって時間が経てば肥料になるんだ。百年二百年先には役に立つかもしれないじゃないか」

(そんな事じゃない! 今、この瞬間にも役に立っているのかってことだ。ただの

空論なんて聞きたくもない）

キッと睨みつける私の視線を、先生は寂しそうな顔で受けとめた。

しばらくたって、市民講座で先生の講演を聴いた。私にとっては目新しくもない「いつものウナギの話」だった。しかし、講演の後、決して豊かとは言えない身なりをした老人と、孫なのだろう、連れて来た子供が目をキラキラ輝かせ、話す声が耳に残った。

「面白かったね。ウナギはすごい所まで泳いで行くんだね。不思議だね」

その時私は、初めて生態学研究が何も作り出さないのではなく、自分自身が作り出したものを料理できないだけだったことに気がついた。

（そうか、俺が未熟なだけだったんだ）

一見なんの役にも立たないようだが、研究活動は立派に人々の心の糧《かて》を作り出していたのである。

思えば、アンデスの友人たちも夜空を見上げて、星の不思議について語り合っていた。たとえ貧しくとも、人が人である限り、知的好奇心は心の栄養になっていることを知った。そして私は、博士課程への進学を決意したのだった。

（青山潤『アフリカにょろり旅』講談社文庫）

人類が続く限り、博士はなくならない。たとえ日本から大学院生が消え去ったとしても、職業としての科学者がいなくなったとしても、知を探求する人はなくならない。そう、博士は死なない。博士とは、人類の知的探究心の象徴だから。それがある限り、博士の精神――知的探究心――は人々の心の中に生き続け、いつか復活する。

博士の危機を乗り越えた先には、科学と社会の関係がさらに親密になった、新しい未来が待っている。科学に興味のある子どもたちは自然に博士を目指す。博士は大学とか企業とか社会とか、そんな垣根は軽々と越えていく。それぞれの場所で自由に才能を発揮し、社会を変えていく。市民はどんどん博士を使い、問題を解決していく。知を探求する人は尊敬され、知は社会へと還元される。

そこらへんに、違和感なく博士がいる社会って、ちょっと素敵ではないか。博士ママさん、博士先生、博士大工、博士運転手、博士町内会長……そんな博士が、生き生きと働き、科学を楽しそうに語る。そして再び、科学に興味を持った子どもたちが科学を目指す。

博士は世界を変える力を持っている。

そんな世界はきっと実現できる。人類に知的探究心がある限り。

1　http://scienceportal.jp/highlight/2008/081226.html
2　B・ゲイツ氏、大学講演ツアーで教育の重要性を強調 CNET News　2010年4月30日 http://japan.cnet.com/news/biz/story/0,2000056020,20412392,00.htm
3　米本昌平『クローン羊の衝撃』岩波書店　1997年
4　米本昌平「知価社会を実現するために―投資としての研究・浪費としての研究」中央公論 1999年4月号
5　内閣府ホームページ　https://www.npo-homepage.go.jp/data/bunnya.html
6　http://www.aaas.org/
7　http://www.aaas.org/careercenter/に詳しく書かれている

8 http://sciencecareers.sciencemag.org/
9 http://www.nationalpostdoc.org/
10 認定NPO法人 言論NPO 『エクセレントNPOとは何か 強い市民社会への「良循環」をつくり出す』 2010年
11 萩原 なつ子『市民力による知の創造と発展―身近な環境に環する市民研究の持続的展開』東信堂 2009年

付録　博士の就職問題について識者に聞く

ポスドク問題の第一人者　橋本昌隆さんに聞く「ポスドク問題――文科省と大学の共同謀議」

自他ともに「ポスドク問題の第一人者」と認める人物がいる。産学連携、人材コンサルティング会社「フューチャーラボラトリ」の橋本昌隆社長だ。

橋本社長は、文部科学省の「キャリアパス多様化支援事業」に関わったり、個人的なつてを駆使し、何人もの博士を企業に就職させたりするなど、アクティブに活動されている。また、ご自身の事業の枠を超えて、行政や政治家に積極的に提言を行うなど、「憂国の士」でもある。この本でもたびたび橋本社長の発言を引用させていただいた。

そこで今回、時間をいただき、理工系の博士、ポスドクの問題について、余すところなくご意見を伺った。

――橋本さんはポスドク問題について、かねてから積極的に発言をされています。橋本さんからみて、この問題の原因は何だと思われますか？

やはり文部科学省の政策誘導でしょうね。みなさん否定していますけれど、文部科学省の予算は学生数と予算がリンクしているのです。これは、文科省の方としゃべると嫌な顔をされて「そんなことはないです。」と否定されるのですが、私も丹念に予算をたどったわけではないですが、それで間違いないと考えています。

少子化が始まって学生が減ると、自動的に予算が減るというところで、大学院を増やしました。

ところが、日本の大学、大学院の教育のクオリティは、諸外国と比べると実に低いのです。そこを変えないまま、人数だけバブリーに増やしたので、当然レベルが低い、本来なら大学院に行ってはいけない人、本来なら博士号を取ってはまずい人が、博士号を取ってしまいました。

大学院を増やすということは、多くの人たちに高度な教育の機会をあたえる、という、非常に政策的に美しい文言が並ぶので、否定しにくいのがいやらしいところです。

大学は、大学紛争以降は、企業との接触に制限がかけられていたので、企業と大学の交流が希薄になりました。それで大学の先生方は完全に研究開発でタコつぼに陥ってしまいました。要は社会性のない研究、教育が蔓延していたのです。

ですから、企業の側は、大学には専門能力は付けなくてよい、素直でコミュニケーション能力がある人を送り出してくれれば、あとは企業の色に合わせてこちらで教育する。そういう時代が長かったのです。

企業側もそういうマインドセットから抜け切れていません。大学には教育なんかしてもらう必要ないというのが圧倒的です。

大学の側はそういう現実に気づかず、しかも、大学の内部評価、お手盛りの評価で、優秀な学生を出していますとお茶を濁しています。

そして、大学上層部の50代、60代の教授連中は、文科省の打ち出した大学院重点化政策に乗ってしまったほうが、人手も確保できるし予算も増えるなど、メリットが大きいし楽だ、ということで、今のポスドク政策、大学院政策が続いているというのが、私の見方です。

――そうすると、文科省と50代、60代の教授の共同謀議でこの問題が作り出されたということですね。

そうです。それがばれるのがまずいので、ポスドク自己責任化というのが蔓延しているのです。

――50代、60代のヤバい教授の具体例をお教えいただけませんか？

地方大では、研究しないし、論文も書かないという教授がたくさんいます。ある地方大で就職、キャリアに関する特別講義をやってくれと言われたのですが、担当の教授は、あなた本当に教授ですか、というくらい人間的な魅力もなく、学生の前でもぼそぼそと話し、学生がざわついていると、そんなことじゃ単位をあげないよ、みたいなトークに終始していました。そういう先生は業績ゼロです。論外です。

同じ大学の若手の40代の先生は、外部予算もたくさん取っていますし、エネルギッシュだし、外部と共同研究もやっている。当然その先生が教授になるのだろうと思ったのですが、教授会の結論は、その人には「次があるから」という理由で、その業績のない先生が教授になってしまった。

また、非常勤講師を勤めさせていただいているある大学では、テニュア（常勤職）の先生のクオリティが本当に低いのです。自分の専門分野で教授になれなかった人が、流れに流れて違う分野で教授になっていたりします。彼らは研究や、学生たちに対する熱い思いがありません。

別のベンチャー企業の社長も、おなじ大学で非常勤講師をされているのですが、その方と、どのように学生に教えるべきかと熱い議論になったときに、たまたま学部長がやってきたのですが、まったく話についていけない。しかも逃げ出したのです。そんなこと僕に言われても困ります、みたいな……

そういうグレードの先生が、偉そうな顔をしてポスドク問題を語るのは最低です。許せない話です。

劣化した彼らが、自分たちの利権のために、文科省といっしょに利用しているのがポスドクです。学生は、そういう事情を知らされずに、研究者になるためのパスポートだとだまされてポスドクになっているのです。

優秀な人は、学生時代にそれを見抜いて、自分で道を決めています。本来、本当に来てほしい人たちは大学に残らなくなっています。悪循環です。これが本質です。

優秀な人、ちょっと背中を押せば活躍できる人、まったくダメな人は、だいたい1：3：6くらいです。トップの1割は優秀、世界レベルで戦えます。真ん中の3はちゃんとケアすれば、十分社会に貢献できる博士になります。最後の6はもともと博士号を出してはダメな人です。

ポスドクをサポートするというのは今でもやっていますが、やはり優秀な博士は自分で何か見つけてきます。そういう博士には、「了解、じゃあ、僕はこういうサポートをするよ。」と、きっかけを与えると実にスムーズに進みます。

某大学でテニュアの助教だったA先生は、任期付きの助教になりました。なんでか、と聞いたら、「こちらのほうが、十分研究ができるから、ここにかけることにしました。」と言っていました。B先生も某大でテニュアの助教だったのに、同じ理由でそれを捨てて任期付きになりました。ポスドクのCくんも、いったん某有名企業の研究所に入ったのですが、やはり研究のメインストリームで勝負したいとの希望で、ポスドクに戻っています。本当に優秀な人はそういう道を選びます。


ポスドク問題は、政策的に大学をどうするか、大学がこれから「どうあるべきか」ということとワンセットで考えないといけないと思います。

総合科学技術会議などに顔を出しても、学長クラスの理事は、「金くれ、金くれ」しか言いません。旧帝大の学長レベルでも、それくらいの意識しかありません。

お金を稼ぐには、社会に対して、厳しくないといけません。特に大学は最高学府として、研究と教育と社会貢献（産学連携）この3つに対してこれをやりました、こういう実績が出ました、と社会に対してきちんと説明できないと、お金の話などできないはず。それが問題だと気がついていない。

そういう人が権力を握っているのは問題です。世間知らずでちっちゃい、井の中の蛙状態でやっていける人たちがやっている。大学の経営の問題は、経営のことを勉強してないし、経験もない人たちがやっていることです。

――このままいくと、日本の科学はどうなってしまうでしょうか？　また、どうすればよいでしょうか？

普通に考えたら、地方大と私大は減らさないと大変なことになると思います。

国はメッセージとして、リサーチユニバーシティとエデュケーショナルユニバーシティを明快に分けるべきです。リサーチのほうは、上から下まできっちり5年任期にし、同じ分野の先生から厳しい評価を受けて残れるかどうか決めるべきです。

リサーチユニバーシティは、３つで十分でしょう。

要は日本全体にサイエンスにどれくらいパワーをかけるかという問題です。サイエンスというのは、ルネッサンスのころ、大富豪に支えられて発達したわけです。今日本国民の税金としてどれくらいサイエンスを支えるべきかと言えば、3大学で十分だと私は思います。その3大学は、世界標準で厳しい審査を受けた人しか5年の任期を全うできない。その代わり、国の予算を集中投下すると。

5年終わったら、次は別の大学や企業に行かないといけないというルールもいいと思います。

他の大学は、教育に特化し、既存の産業分野をサポートする。たとえば、地方大学はその地方のメーカーを重点的にサポートする分野に特化する。そういう色分けが重要だと思います。

その前に、全大学の50歳以上の教授は自動的にクビにするべきだと思います。各大学には本当に残ってほしい人が何人かはいます。そういう人は大学の内部評価ではなく、社会の目から見てジャッジメントする。そうしていかないとだめだと思います。

今のままではそう簡単に50代以上の教授は辞めませんから、予算を絞って、地方大学を10個くらいつぶすくらいの荒療治をしないとだめです。

また、バイオ、ライフサイエンス系の学部、大学院は閉めるべきです。多分3分の1でも多すぎるくらいです。この分野は、今の日本の産業構造、産業人口と、在籍者数とのバランスが悪すぎます。とくに農学部系で、植物遺伝子などをやっている人は、申し訳ないですが、大量に減らすべきです。農学部はちゃんとコメ作るとか、野菜作るとか、そういう方向に軸を置かないとだめです。そこは農業政策と絡んでくると思いますが……

それぞれの産業分野の中で、トップ10の人間には資金投下して好き放題できる状態を作ったほうが良いです。選択と集中を強化すべきです。

――今いるポスドクはどうすればよいでしょうか？

優秀な人はともかく、もともと博士号を出してはダメな人は、非常に厳しいです。正直なところ。

この前会ったポスドクも、自分の話をとうとうとするだけで、その研究が社会にどのように役立つかの説明ができません。
研究の世界はプロ野球と一緒だと思います。50過ぎている教授も含めて、厳しく成果を問い、成果によって処遇される制度を早く作っていくべきです。

橋本昌隆
株式会社フューチャーラボラトリ代表取締役。
産学連携、新規事業創出、ベンチャー支援、研究者のキャリア支援など幅広く活躍。先端的な領域の知のビジネス化を促進し、従来にないビジネスモデルを実証実験し、社会に提示していくことで、その活動によって次々とイノベーション、新産業、文化、企業を生む好循環機能を目指していく。
株式会社フューチャーラボラトリ　http://www.futurelaboratory.jp/

人気ブロガーViking.jpn氏に聞く
「ポスドク問題は日本の基礎研究体制の構造的問題」

今回、この本を作るにあたり、ぜひお話を伺いたい人がいた。ハンドルネームVikingjpn氏だ。

Vikingjpn氏は、人気ブログ『大「脳」洋航海記』上で、神経科学を研究する現役のポスドクの立場から、博士の就職問題をはじめとする日本の科学の問題に、鋭い問題提起を発し続けているからだ。

そこで、ぜひにとお願いをし、ここにインタビューが実現した。当事者としてこの問題をどうとらえているのか、どうすればよいのか、お話を伺った。

――さっそくお伺いします。ポスドク問題と言われる、博士号取得者の就職難はどうして起こったと思われますか？

そうですね。ポスドク制度の導入によって、若手世代の人材流動化が進んだ一方で、ＰＩ（注：主任研究者、研究室のトップ）世代の人材流動化が進まなかったことが原因だと思います。これで人員のだぶつきが出てしまいました。

もうちょっと詳しく言いますと、ＰＩ世代における完全終身雇用・年功序列型出世コースといった日本のアカデミア（科学界）における伝統的な雇用慣行を改めなかった一方で、若手世代にはアメリカ並みの任期付き雇用（いわゆる非正規雇用）を積極的に導入していったため、本来若手世代が出世して目指すべきＰＩ世代のポジションに空きが生じず、ポジションが空くのを待っている間に任期切れになって行き場を失った若手があふれるようになってしまったのです。

そんな極端な人余りの状況にあるにもかかわらず、相変わらず大学院博士課程からは延々と新たなポスドクが市場に送り込まれてくる。その結果として、いつまでも安定した職にありつけない若手研究者が増え続けています。

問題はそれだけに限りません。たとえば、いわゆる「コネ採用」に代表されるような不透明な雇用慣行の問題があります。そのような雇用慣行によって、限られた数の安定的ポジションが、（不透明な雇用慣行を維持する）狭いコミュニティ内に囲い込まれ続けるという現実もあります。

現在不安定な立場にあるポスドクの多くはその内情を誰からも知らされませんでした。こうして、安定的なポジションにありつけなかった多くのポスドクが、雇用市場にあふれてしまう結果になったのです。

アカデミアでポスドクを吸収する余力がないため、本来ならば民間に向けて還流させる必要があったにもかかわらず、そのための教育・就職支援体制が大学レベルでも、また国レベルでもほとんど整備されてきませんでした。

そしてポスドク自身も、厳しいアカデミア内部における就職状況を認識しているにもかかわらず、「アカデミズム至上主義」に固執し続ける結果として、自ら就職の進路を狭めています。

一方、それらポスドクを雇う側のPIたちも講座時代並みの旧態依然とした認識を改めず、派遣社員並みの「安価で」「いつでも切り捨てられる」「便利な」労働力としてのみポスドクを扱い続けました。

その結果として、自らの意思で業績を積み上げられない、もしくは業績につながらない可能性のあるハイリスクな研究を強要されるケースが増大し、業績不足のまま任期切れになって市場に放出されるポスドクも少なくない状況です。

逆に、業績に恵まれたポスドクであっても「更新なし」有期雇用制度が大半であるため市場に放出されてしまうのが常ですが、その一方で、安定的ポジションの公募はPI世代の人材流動化が進まなかったことで、募集が出るタイミングにばらつきがあります。このため、たまたま運悪く安定的ポジションの公募が少なくなる時期に任期切れを迎えたために、業績にいかに恵まれていても次の職にありつけず、路頭に迷うポスドクが増えているのです。

誰もが羨むような素晴らしい研究を超有名論文誌に何本も載せているような優秀な若手

が、なぜか翌年には派遣社員となって安月給でこき使われているなどというケースはもはや珍しくも何ともありません。

――なるほど。一部の世代に流動化が押し付けられてしまった、そのために、運悪くその世代に属することになったポスドクたちが苦しんでいるのですね。
もしこの問題を放置したら、どのようなことになるでしょうか？

先ほど述べました通り、業績に恵まれていても、タイミングが悪かったがために路頭に迷うケースが続出しています。

一方で業績に乏しくても「不透明な人事慣行」の恩恵にあずかって、安定的ポジションに就く若手も少なくないため、そういう恩恵を受けられないポスドクの間に「いくら頑張ってもどうせ報われない」というあきらめに似た気持ちや退廃的雰囲気が蔓延しているのが実情です。このままいけば、若いポスドク世代に実務の大半を依存している日本の基礎研究は全体としての生産性を低下させていくことでしょう。

現代のゼロリスク信仰の強い日本では、そのような「いくら頑張っても報われる可能性が低い」業界には人が集まりにくいのが現実です。結果として、優秀な学生ほどリスクを嫌って、特に修士卒の段階でほかの業界に逃げてしまうという状況が常態化しています。また、優秀な学生が博士課程に進まず巣立っていってしまう一方で、定員が余った博士課程には「就職活動に失敗したから」などという理由でモラトリアム的に進学する学生が目立つようになってきているという、嘆かわしい現実もあります。

そして、そのような状況が続いたことで、研究者の年齢構成も「逆ピラミッド」化しています。どういうことかというと、ＰＩ世代の数が多いのにもかかわらず、若手世代が減り続けているという状態になっているのです。同様の状況が改善しないままであれば、博士課程・ポスドク世代において優秀な若い人材が占める割合は低下していくでしょう。

研究の生産性が低下し、優秀な人材の割合が低下した結果、日本のアカデミズム全体の生産性が低下し、国際競争力を失っていくのは明らかです。これはまさしく日本のアカデミズムの「老朽化」であると言えます。

最近のトムソン・ロイターの調査によれば、日本の基礎科学研究における成果発表はここ数年頭打ちの様相を見せており、新興国である韓国・中国はおろか同じ先進国グループですでに成熟しきったとされる米国・英国よりも成長スピードが落ちてきているそうです。すでに「老朽化」は始まっているのかもしれません。

――非常に深刻な事態が予想されますね。この事態を打開する手立てはあるのでしょうか？

そうですね。この事態を改善するには、大学院博士課程の定員を大幅に縮減し、アカデミアにおける人材の需給状況を注意深く監視しながら、博士学生およびポスドクを徹底的な数量管理の下に置くべきだと思います。

この政策を達成するために、国は専任の研究者人事担当部局を置くべきです。

また、博士学生・ポスドクを民間に還流させやすくするため、民間の意見を取り入れて博士課程教育の「実質化」を検討するべきだと思っています。たとえばプレゼンテーション・スキル、交渉スキル、はたまた組織マネジメント……といった多くのビジネス・スキルは、基礎研究・ビジネスを問わず大事なものばかりです。博士課程教育の「実質化」にはアカデミックなリソースを浪費するとして反対意見も根強いですが、これを行うことで得られるメリットのほうがはるかに大きいと思います。

それをしない現在の博士課程教育のもとでは、学生自身も必要以上にアカデミズムに固執する悪循環を助長するだけです。

これと同時に、博士学生・ポスドクの資格取得を支援する枠組みを検討するべきだと思っています。いくつかの資格については、基礎知識が豊富な博士・ポスドクの取得を優遇する策はあってもよいはずです。

そして、これが一番重要ですが、今後も若手ポスドク世代の人材流動化を維持するのであれば、ＰＩ世代の人材流動化を図るため、大学・研究機関の経営ガバナンスを民間並みに改め、ＰＩ世代のリストラを可能にするべきです。

リストラといっても、解雇がすべてではありません。研究支援職への移行もしくはマネジメント専任部門への転出といった人事も考えられます。

ＰＩにはベテラン研究者が多く、彼らの豊富な経験を活かせる場は研究支援やマネジメントといった研究そのもの以外の部門にもたくさんあります。

大事なことは、研究そのもののために割かれるべきリソースを、もっと脂の乗った若手に与えられる可能性を探るべきだということです。すなわち、若手・ＰＩをすべてひっくるめて、もっと「適材適所」人事をトップダウンに推進すべきということだとも言えます。

それからもう一つ。リストラされるべきなのは、何も研究をしなかったり業績を挙げられなかったりするＰＩばかりではありません。研究者としての資質や特性を欠き、健全な競争状態にあってもなおアカデミズムの中で生き残れる見込みに乏しい、能力のないポスドクたちもまた淘汰されるべきです。

非常に厳しいことを書きますが、ポスドク問題にあえぐ若手研究者の中には、どう見ても今後研究活動を続けたところで生き残っていけるとは思えないような、資質や特性に問題のある者も存在します。

これには理由があって、個人的に一番良くなかったと考えているのは、多くの大学院が（特に博士課程の）定員を拡充したことです。これにより、それまでは志ある本当に研究者を志望する若者だけが博士課程に進んでいたにもかかわらず、急激にモラトリアムとして博士課程に進学する学生が増えたと考えられています。

先にもお話ししましたが、方々の大学院を見ていると優秀な（勉学や人間性というだけでなく研究活動という点でも）学生ほどさっさと有名企業・優良企業に就職して修士卒で巣立っていってしまい、箸にも棒にもかからないような学生が漫然と博士課程に進学するというケースが急激に増えつつあります。昨今の不況で、この動きはさらに加速しているかもしれません。

ともあれ、どれほど現在の（ポスドク問題を深刻化させるような）過当競争を健全なレベルの競争に戻したとしても生き残れる見込みの薄いポスドクは、研究をしないPI同様淘汰されるべきです。そうして淘汰される博士・ポスドクの行き場を作るためにも「博士・ポスドクの民間への還流」はおおいに推進されるべきですし、その手段としての「大学院博士課程教育の実質化」と「博士・ポスドクに対する資格取得支援」はぜひ実施されて然るべき施策だと思います。

――確かに、このままでは失業者になるために博士を教育しているようなものですよね。また、博士が食っていくための資格取得というのは、いいアイディアだと思います。そして、すべての世代の流動化がカギですね。とくにすでに安定的地位にあるPI世代から激しく抵抗されるかもしれませんが……

年齢構成の逆ピラミッド化、人材流動化の若手世代への極端な偏り、不透明な人事慣行、博士課程教育のアカデミズム至上主義、のいずれもが、日本のアカデミアが抱える深刻な構造的問題であるわけです。

ということは、ポスドク問題をよい結末を迎える形で解決できるかどうかに、実は日本の基礎研究体制の未来がかかっていると言っても過言ではないと思っています。

その問題意識が、ポスドクたち自身にも、ＰＩ世代にもない。

どこかで食い止めなければ、早晩日本の基礎研究は崩壊していってしまうことでしょう。

その危機感を強く訴えたいです。

日本の（特に日本生まれの）研究者に、日本の基礎研究が崩壊して欲しいと願う人など誰一人としていません。いや、日本の基礎研究にもっともっと発展して欲しいと願う人ばかりでしょう。その願いをかなえるためにも、今ここでやるべきことをわれわれはやらなければいけないと思っています。

基礎研究というものは、「プライオリティ」という言葉が重視されることからもわかる通り、本来きわめて競争的なものです。そして、健全な競争のもとで発展していくことが期待される世界です。なればこそ、「信賞必罰」が第一義であるべきだと信じています。

しかし、残念ながら現在の日本のアカデミズムはそうはなっていません。成果を挙げた者が正しく遇され、成果を挙げられなかった者がそれなりに処断されるからこそ、誰もが成果を目指して頑張るわけですが、もしそうでなかったら誰もがモチベーションを失ってしまいます。そして、嘆かわしいことに現在の日本のアカデミズムが抱える諸問題はまさに「信賞必罰」の逆をいくものばかりであり、現場のポスドクたちを絶望させ、それを見た優秀な若い学生をアカデミアから忌避させる結果になっています。

『戦国策』に「士は己を知る者のために死す」という言葉があります。武人は、己を理解し評価してくれる者のために命を賭して戦うというのです。はたして、今の日本のアカデミズムは若手研究者を正しく理解し、評価していると言えるでしょうか？

もしそうでなければ、命を賭して研究しようという若者はいなくなってしまうことでしょう。「信賞必罰」が大事だということに洋の東西や時代の違いは関係ないということを、アカデミアの関係者、科学・技術政策関係者、そしてポスドクをはじめとした若手研究者たち自身が肝に銘じるべきだと思います。

Ｖｉｋｉｎｇｊｐｎ
本業はヒト認知神経科学の研究に携わるポスドク研究員。ブログ『大「脳」洋航海記』にて、神経科学論文の解説・神経科学の大衆化・日本の基礎研究体制が抱える諸問題・ワイン・テニスといったテーマについて日々論じている。
『大「脳」洋航海記』http://viking-neurosci.sakura.ne.jp/blog-wp/

博士の動向を見つめ続けた小林信一さんに聞く「このままでは大学院が見捨てられる」

オーバードクター問題の時代から、20年以上博士のキャリア問題を調査研究し続けている方がいる。小林信一・筑波大教授だ。本書でもたびたび小林さんの著書や調査結果を引用させていただいた。博士のキャリア問題をはじめとする政府の様々な審議会にも関わってこられた。

私は、小林さんが代表者だった調査研究「研究者のノンアカデミック・キャリアパス」でお会いして以来、何度かお会いし、様々な示唆を受けた。

今回、小林さんに博士、ポスドクを取り巻く問題について質問する機会をいただいた。

——小林さんは、長年博士を取り巻く問題を見つめ続けてきました。そんな小林さんからみて、博士の就職問題が発生した原因は何だと思われますか？

簡単に言うと、以下のようなことがあげられます。

有力大学を中心とする大学の教員のご都合主義、それをあおるような行政的言説、理研のフロンティア研究機構等の仕組みの発明、理研を中心とし広がったバイオ研究の規模の拡大、理研、産総研等の独法化、国立大学法人化と21世紀ＣＯＥなどです。

人口ピラミッドの歪みは重要です。このあたりは、かつてのオーバードクター問題と似ています。

１９９０年代前半の18歳人口のピークの大学進学が、大学院重点化の入学者確保につながり、彼らの博士課程修了後がポスドク拡大期に重なりました。彼らは、30代後半の「滞留」したポスドクとして問題化しています。

また、彼らは「研究者」という言葉に飛びつきましたし、教員もそのような研究者の先輩の進路を宣伝して学生を集めました。

博士のキャリアパスの多様化は、１９７４年ごろの大学院設置基準制定当時からの課題であったのに、政府は知らんふりをしていました。その大きい原因が、１９９０年代の基礎研究シフト（政府の科学技術関係投資倍増）や大学院重点化です。

——なるほど。私は１９９１年大学入学なので、まさに私たちの世代です。研究の世界のロストジェネレーション(ロスジェネ)ですね……他にはどのようなことが問題でしょう？

政府の大学への研究資金配分政策が十分に吟味されてこなかったのはきわめて問題です！

日本の研究資金配分は、実は世界から見て特殊です。

英国はperformance-based (1) の研究費配分を行っており、傾斜配分ですが、特定の研究者に集中はしません。一方、米国のようなproject funding (2) 中心ならば、比較的小粒なものが必要に応じて配分される結果になります。日本はこのどちらでもありません。

英国の例を補足しますと、英国ではproject funding中心であるリサーチカウンシル (3)

からの研究資金配分とは別に、サッチャー改革以降RAEという評価をして、学科くらいの単位で研究資金の配分（QRと言います）をするようになりました。

英国のポスドクを雇う資金の少なからぬ部分は、このQR fundingです。確証はないですが、英国でポスドク問題が早くから騒がれた原因はここにあるのではないかと思います。

それをもっと極端な形にしたのが、21世紀COE(4)です。project fundingのようにテーマを限定していないのはよいのですが、もしかすると研究活動の実態から乖離する形で資金を配分することの不健全さがあるのではないかと思います。

このようなpriority funding(5)を選択する国は稀です。最近ドイツが始めたようですが、これは極端な集中配分をもたらし、かつ規模が大きいので、ポスドクが一部に集中する結果をもたらします。ポスドクを安易に雇う危険性があるのです。

世界的に見ると、日本ほど選択と集中が顕著な国は珍しいのではないでしょうか？　集中的な資金投入はポスドクを増やす土壌になりますが、それが健全かどうかは疑問です。

基盤校費などの機関補助の資金配分は、平等主義的配分です。校費のような長期安定資金であれば、それなりの使い方を考えますが、短期的に規模を拡大するのは、不健全かもしれません。

――なるほど。特定大学に研究資金が集中し、ポスドクが大量に雇われることにつながった。それが問題の原因となっているのですね。もしこのまま問題を放置したら、どのような結果が引き起こされるとお考えですか？

博士のキャリアパス問題は、政府もさすがに放置できないでしょうね。やっと中教審、高等教育局も腰を上げ始めました。現場に浸透するには、時間はかかるかもしれませんが。問題なのは、「滞留」したポスドクへの対処をどうするかです。このまま放っておくと、ポスドクや研究者、大学教員のイメージが悪くなるばかりです。

このままいけば、適齢人口の減少もあり、大学院進学者の確保はますます困難になっていくでしょう。10年後、20年後の科学技術を担う人材をいかに確保するかが深刻な問題になります。

今の大学院のままでは、企業に就職する博士やポスドクのレベル低下も避けがたいでしょう。

一方、ここ1、2年、企業はグローバル化との関連で、日本の博士を採用するか、海外人材を採用するか、という選択を始めています。このままでは、日本の大学院は、世界からも、企業からも、さらには学生からも見捨てられるのではないでしょうか。

――まさに大学院崩壊、日本の科学・技術の危機ですね……この問題を解決するにはどうすればよいでしょうか？

ここまでくると自助努力や自主的な対応にまかせておいてよいのかと疑問にも思います。これまでは基本的に、意欲のある大学や教員が問題に取り組む、改革に乗り出すのを待つだけでした。これでは問題が解決できるとは思えません。

韓国もポスドク問題は深刻ですが、最近国営のポスドク（若手研究者）育成センターを設置しました。日本で言えば、キャリアパス多様化などの分散的事業を一本化して実施しているような感じです。

国の面積などの点で一本化しやすいのでしょうが、日本もポスドクや博士のキャリア問題に取り組むナショナル・センターのようなものを、積極的に考えてもよいのかもしれません。それくらい強制的にやらないと、いつまでたっても変わらないままかもしれないと危惧しています。

せめて、制度面の整備、情報流通面でのゲートウェイは欲しいのですが……

1　研究成果に応じて研究資金が配分される仕組み。

2　研究プロジェクトごとに研究資金が配分される仕組み。

3　イギリスの研究資金配分機関。

4　文部科学省の事業。２００２年から２００９年にかけて、優れた研究教育拠点を作るため、大学院の専攻等を対象に研究予算が配分された。採択された研究機関が多すぎたとの批判もあり、現在は対象を絞った「グローバルＣＯＥプログラム」に引き継がれている。

5　研究機関ごとに重点的に研究資金を配分する仕組み。

小林信一

筑波大学大学研究センター教授。

１９８６年筑波大学社会工学研究科単位取得退学。東工大助手、電気通信大学助教授などを経て現職。途中、文科省科学技術政策研究所総括主任研究官併任。専門は、科学技術政策、高等教育政策、科学技術論など。

「博士の生き方」の奥井隆雄さんに聞く
「博士の問題は「専門性」「指向」「能力」に分けて考えよ」

最後に、大学院生、ポスドク、若手研究者が集い、意見を交換する人気サイト「博士の生き方(1)」を運営する奥井隆雄さんに意見を伺った。

ご自身大阪大学大学院工学研究科博士後期課程を修了し、博士号を取得した後化学メーカーに就職されたという経験から、博士の就職、キャリア問題に対し積極的な発言を行っている。2007年には、国立教育政策研究所「理系高学歴者のキャリア形成に関する実証的研究」に加わり、研究も行っている。

今回この問題に鋭い発言をしている奥井さんの視点で、ぜひこの問題について語っていただきたいと思い、インタビューをお願いしたところ、私の質問に対する回答という形で御寄稿いただいた。

――奥井さんは、博士の就職難やキャリア問題が起こったのはなぜだと思われますか？


課題はほぼ、この10年くらいの間に出尽くしていると思います。

この問題については、博士自身の「専門性」と「指向」と「能力」とに分けて考えると現状をとらえやすいのではないかと考えております。

つまり、就職ができない（就職しない）博士は、上記の要素のうちの少なくても1つ以上に問題を抱えているのではないかと考えております。

以下にこの3項目がどのような点で問題なのかを述べようと思います。

まず「専門性」について。

昭和63年の大学審議会答申「大学院制度の弾力化」によって、博士課程の目的として、学術研究の担い手の養成だけではなくて、社会の様々な分野において高度な専門性を持って活躍する人材の養成が求められることになり、その後、大学院の量的な拡大がなされてきました。

その際に、学術を社会に適用するという意図を欠いた拡大がなされたのではないかという印象を持っております。すなわち、人文・社会科学系および理系の基礎分野、応用分野の区別なく、すべての分野を均等に拡大させてしまったことが問題の1つとしてあるのではないかと感じております。

例えをいくつかあげると、1つには理学部は全般的に、学部レベルにおいても、キャリア問題が生じております。これは、次に述べる「指向」にも絡むことですが、理学部の学問体系が、学生に自分の学ぶ学問の社会の中での位置づけを把握させづらいということがあるのかもしれません。そのため、理学系の大学院を拡大すると、大学院レベルにおいても、就職に向けての意識付けがうまくなされない学生を多く輩出させることになるのだろうと思います。

また、バイオ分野を例に挙げると、欧米においては、工学であるいわゆるバイオテクノロジーが盛んであると言われている一方で、日本は基礎に寄っていると言われています。そのことが、産業分野への就職を妨げている面があるように思います。

次に「指向」についてですが、博士課程に行く方というのは「好き」だからという理由だけで、研究を続けたいという方が結構いるのではないかと感じております。そのような方々（学生だけではなくて、ポスドクや教員の方々も含めますが）には、「研究ができれば食えなくてもいい」と考えている方が多いように思います。

「自分はいかに食べていくか」といったことを考えることは、職業意識の芽生えには大切なことだと思うのですが、研究でいかに食べていくのかを考えられないと、研究を仕事としては認識できないのではないかと感じております。

仕事として研究に取り組む意識の足りない人は、職探しをしても、うまくいかないのではないかと思います。企業や大学にしても公的な研究機関にしても、一緒に仕事をする人は選びたいでしょう。

仕事として行っていないことは、どんなに高級なことをやっていたとしても、所詮趣味でしかないと思います。趣味でやっていても、学問分野の発展や社会の発展に資することはあるのかもしれませんが、そのようなことはそれほど多くはないと思います。

次に「能力」についてなのですが、これは、２つに分けて論じる必要があるのではないかと認識しております。

1つ目は、大学院で学ぶ資格についてです。最近は大学院入試の内容をかなりやさしくしているところもあるようです。これが心配なのは、大学院入試というのは、入学希望者に対して、あらかじめ何を知っておいてほしいのかを知らせる重要なメッセージの役割も担っているということを認識されているのだろうかということです。

大学院ではそれぞれの分野に関する専門性の高いことを学ぶわけですが、それを学ぶためには、学生にも当該分野におけるある程度の専門性が当然ながら要求されると思います。なぜなら、その分野での専門知識や常識を知っていないと、講義や研究室における営みの中で何が議論されているのかとかなぜそれが議論されているのかがわからないという事態に陥ってしまうからです。それぞれの分野での専門知識というのは、それぞれの分野でコミュニケーションをとっていく上で必要なものなので、それなりに前提となる専門知識がなければ、大学院で得られるものもおのずと限定的にならざるを得ないと思われます。そのため、大学院で学んだことが消化不良のまま大学院を卒業していく人が、多いのではないかと思います。

最近は、学歴ロンダリングという言葉まであり、簡単に入学できる「難関大学」の大学院の紹介が雑誌でなされたりもされておりますが、入試のあり方はしっかりと考えるべきだろうと思います。

2つ目は、大学院で学ぶことの価値についてです。何年か前に、経団連から「イノベーション創出を担う理工系博士の育成と活用を目指して－悪循環を好循環に変える9の方策－」（2007年3月20日）という報告が発表されたことがあります。これは、大手企業の研究担当役員などが話し合ったというものなのですが、博士課程は、学生にどのような付加価値をつけてくれるのかといったことを問うたものです。

このような問題意識の前提となっているのは、修士課程修了時点で同じくらいの研究能力を持った学生が企業に入った場合と、博士課程に入った場合とで、その研究能力の伸びにおいて3年後に差がないという共通認識にあるようです。つまり、金をもらって研究をする企業の研究者と、金を払って研究をする博士課程の学生とで、研究能力の伸びに差がないというのはおかしいのではないかということのようです。

博士課程で学ぶということは、3年間という長い時間と学費・生活費などの多くの費用をかけなければならず、博士課程に進学しなければ得られたであろう収入をあきらめるということにもなります。また、特に国立大学であれば、大学院生1人当たりにかなりの国費が投入されております。それが、卒業後に職業生活を営むにあたって、メリットを生み出さないとすれば個人の人生において問題であるだけではなく、社会的にも大きな損失なのではないかと思います。

企業で研究業務を行うということと、博士課程で教育の一環として研究を行うことの相違は何であるのかを意識することが必要なのではなかろうかと思います。

また、これは蛇足になってしまいますが、3点目として、博士課程のフィルター機能の低下ということを聞いたことがあります。これは、博士課程には教育機関としての役割はなかったが、昔は、能力の高い人材が入学してくる傾向が強かったというフィルター機能があったという認識に基づくものです。昔は、企業が博士卒からの採用においてババを引く可能性は修士・学部卒から採用するよりも低かったのだけれど、定員が拡大してしまったために、必ずしも能力の高い人ばかりが入ってくるわけではなくなり、フィルター機能が低下したため安心して採用するわけにはいかなくなったということのようです。

以上、3点を述べてきましたが、これまでに述べた3点のすべてに絡むこととして、多くの教員や学生、ポスドクが「大学でやる学問は役に立たないものだ」と認識していることに大きな問題があるのではないかと思います。このような認識を持っていることがいろいろな問題に対しての思考停止を招くことの一因になっているように思いますし、時として、問題が生じていることに対する免罪符のような機能も果たしているのではないかと思います。

――もしこの問題を放置したら、どのような結果が引き起こされるとお考えですか？

まずは何について述べるのか主題を立てたいと思います。

①現在、ポスドクをしていたり、博士課程の学生をしていたりする人はどうなるのか？
②大学・大学院はどうなるのか？
③日本はどうなるのか？

という3つが大きな主題となるのではないかと考えています。

まず、①の「現在、ポスドクをしていたり、博士課程の学生をしていたりする人はどうなるのか」についてですが、これも、本人の「専門性」「指向」「能力」によって、いろいろと先行きは変わるのではないかと思います。ただ、先程、「能力」についていろいろと言いましたが、ここでは本人の「高校までの基礎知識（基礎知識）」と「それぞれの専門分野の学部レベルでの基礎知識（専門基礎）」と2種類に分けて話を進めたいと思います。

まず、一番やっかいなのは、「指向」に関することだと思います。先ほど述べたことの繰り返しになりますが、「研究ができれば食えなくてもよい」と考える人と、「研究でいかに食べていこうか」もしくは「研究で食べていけないならどうするのか」と考えている人との間の、自分自身の身の振り方に対する意識の差はとても大きいと思います。

昔であれば、自分の専門に関する知識のある人でありさえすれば、大学や公的な研究機関にポストを得ることができたのかもしれません。

しかし、現在においては、他人と協業することがどこであっても強く求められますし、大学教員であれば学生を教育・指導することが求められ、必ずしも自分の好きなことを好きなようにやるわけにはいかない状況にあります。そういう中にあっては、「食べていく」という強い意志を持たないと、やっつけ仕事になってしまったり、周囲の協力が得られず、仕事自体をまわせないということになりかねません。

また、そもそも「研究ができれば食えなくてもよい」と考える人たちは、自分のキャリアについて考えていませんので、大学や政府がもろもろのキャリア支援策を打っても見向きもしないため、対策の立てようのない点でもやっかいかもしれません。

現在は、政府の科学技術関連予算がたくさんあるので、彼らは自分のキャリアについて考えなくても生きてしまうことができます。しかし、今後、政府の予算が減っていけば、自らの身の振り方を考えて、それぞれの能力の活かせる場所へ吸収されていくのではないかと思います。

次に問題なのは、「能力」の中でも「基礎知識」に関することだと考えております。

高校までで習得する知識は、その後の大学教育を身に付ける上で重要ですし、就職した後に職業上必要となるさまざまな知識やスキルを習得していく上でも大切なものとなります。そのため、「基礎知識」が足りないと、自分の専門分野での専門基礎が身に付きませんし、当然ながら自分で研究を進めることも難しくなります。

彼らは、大学内であれば、ポスドクとしての仕事を当然うまくこなすことができませんが、大学以外への就職を考える場合、「博士」という肩書きと、人によってはプライドが邪魔をして、就職がうまくいかないことが多いのではないかと思います。

「博士の就職」を考えるときに、博士号を持つような優秀な人材を社会が活かせないのはおかしいというようなことが言われますが、彼らにはその議論は成り立ちません。本人のプライドの問題もあるかもしれませんが、失業対策や職業訓練のような労働行政における対応に任せるしかないように思います。

この一方で、「能力」の中の自分の専門分野での学部レベルの基礎知識「専門基礎」が足りないのは、本人に「自分はいかに食べていくか」の意識があれば、本人のキャリア形成にとっては大きな問題とはならないと思います。

彼らは、自分の専門で食べていこうとすると、周囲からその専門性について疑問を持たれることになります。しかし、彼らは、自分の専門分野でやっていけないことを理解できますし、高校までの基礎知識もあるので、他の分野へうまく移っていくことができます。

もっとも、博士課程での教育が社会へ還元されていないという点では、社会的損失であると言えますし、本人にとっても、専門性を活かすことができなかったというのは、時間の損失であったと言えるかもしれません。

本人の「専門性」に関しては、「自分がいかにして食べていくのか」を考えていて、自分の専門分野での「専門基礎」が身に付いていれば、その専門がアカデミックに偏寄《かたよ》ったものであっても、大きな問題とはならないのではないかと考えています。

もちろん、産業界などへの幅広いパスのある専門を身に付けていれば、仮に大学でポストが得られないにしても、多くの分野から、自分の専門をフルに活かせる場を見つけることができます。

また、自分の専門がアカデミックに偏寄ったものであったとしても、その専門を捨てれば、よい職を得ることができますし、自分の専門を他の分野で活かしていくという考えがあれば、アカデミック以外の場所であっても、新たな融合領域を生み出していくことが可能なのではないかと考えます。

次に、大学・大学院に関してですが、日本人への教育機会の提供という点については、短期的にはメリットのほうが多いのかもしれません。

というのは、現在、大学教員になられている若手の方々には、ポスドクとして激しい競争を勝ち抜いてきた方々が多くいらしているため、そのような方々に指導を受けた学生は、おのずと世界を相手にすることが意識できるようになると思われるからです。

しかし、現在のポスドク競争は激しすぎるので、大学教員になったとしても競争に見合うだけのものが得られず、以前ほどには魅力的な仕事ではなくなってきているように思います。またもっとよい就業機会がたくさんあるので、よい教育を受けた学生がアカデミックに残ろうとは思わない可能性が高いのではないかと思います。

そうなると、言い方はよくないのかもしれませんが、よい教育を受けなかった学生だけがポスドクになり、そのような方々同士が競争をし、大学教員になっていくというループに陥る可能性があると思います。

そうなると、当然、日本の科学技術における競争力は低下していくでしょうし、国内の大学で世界と張り合えるレベルの教育を受けられる機会も減少していくのではないかと考えられます。そうなると、日本でよい大学教育を受けられないので、よい教育を受けるためには海外に行かないといけないという状況になり、人材養成にかかるコストが大きく跳ね上がることが予想されます。

最後に、日本がどうなるかについてですが、国内での人材養成がままならなくなってくるわけなので、国力がさらに落ちていくのではないかと思われます。国力の低下は、とくにいろいろな理由で日本を離れることのできない人たち（心身に障害がある、海外で専門的な仕事をする能力がない、先祖伝来の田畑を守らないといけないなど）に対して大きな影響を与えることになるだろうと思います。国力の低下は、就業機会の減少と社会福祉の減少という形で表れます。仕事をするということは社会とつながる上で大切なことですが、その機会が減少するということは、人としての尊厳を奪われるということになりますし、社会福祉が減少するということは、人によっては生存までも脅かされることになります。

――この問題を解決するにはどうすればよいでしょうか？

はじめに、「どうしてポスドク、博士の就職難、キャリア問題が生じたか」の問いにおいて、「専門性」「指向」「能力」について話しましたが、対策に関しても、ここに挙げたそれぞれについて考えるとよいのではないかと思います。
ただし、これから述べるすべての前提として言えることは、この問題にかかわる当事者、すなわち教育をする大学、人材を受け入れる企業・役所、教育を受ける学生、アカデミックで働いているポスドクが、それぞれの立場で真剣に考えることと、そして真剣に考えさせるために国や親（子どものスポンサーとして）は安易に金を出さないということが重要なのだと思います。

「専門性」に関しては、1つには、企業が大学に寄付と要望を出しやすくすることと、彼らの望んでいることを教育プログラムに落とし込める人材を確保していくことが重要なのではないかと思います。

たとえば、自分たちだけの利益にはならないけれど、金を出すからやってほしいということはあるが、今の制度ではなかなか難しいという話をうかがったことがあります。

また、学部・学科の再編において、現在、どのような専門が社会にとって必要になっているのか潮流を読むためにも、大学人以外の視点も考慮していくことが必要だろうと思います（もちろん、彼らの意見を鵜呑みにするのは危険ですが）。たとえば、最近、学校基本調査をまとめていて、人文系の専攻を終えた学部生の中の、かなりの人数がシステムエンジニアになっているということを知り驚きました。友人に話を聞いてみたら、理工系出身者よりも、人文系出身の人に幹を作らせたほうが、わかりやすいものを作成するということのようで、人文系の人がかなり求められているということでした。

また、たとえばバイオのように、大学が盛り上がっていたときに日本の産業界が乗り気でなかったので、人材がうまく大学から輩出されないということがありましたが、バイオのようにこれから新しい分野を社会に起こしていくというときには、産業界もしっかりかかわって、大学の独りよがりにならないよう、国の科学技術投資が無駄にならないようにサポートしていけたほうがよいように思います。

次に「指向」についてですが、まずは親が子どもに進路について考えさせるきっかけを作ることが大事だと思います。大学進学、修士課程進学、博士課程進学といくつか人生の選択をする機会があります。大学進学に関してであれば、たとえば子どもが「生物が好きだからバイオがやりたい」とか「国語が好きだから文学部に行きたい」などと言ったら、卒業したら何をしたいのかしっかり考えないと学費は出さないくらいは言わないといけないのではないかと思います。また、修士課程進学や博士課程進学に関しても、「今の研究を続けたいから進学したい」などと子どもから言われたら、修了したらどうするつもりなのかと問いたださないといけないだろうと思います。

また、安易に学生支援機構の奨学金も借りられないようにしたほうがいいかもしれません。せめて、修了後の展望について作文くらいは書かせて、あまりに何も考えていない人にはお金を貸さないくらいの姿勢でいったほうがいいように思います（不良債権を増やさないためにも必要なことだと思います）。

最後に「能力」に関してですが、先程2つに分けて論じましたが、1つ目の「大学院で学ぶ資格」については、入口管理（入試）をしっかりやれば済むことなのではないかと思います。

2つ目の「大学院で学ぶ価値」についてですが、これは出口管理（修了要件）をどのように設計するのかにかかっているのではないかと思います。これは、大学院での教育目標が定まればおのずと何をどのような順番で学生にクリアさせていけばいいのかが定まってくるのではないでしょうか？　これは、各専攻なり各先生方の、教え子にどのようになってほしいのかといった願いが込められるところとなるのではないかと思います。

奥井隆雄
博士（工学）。大阪大学大学院修了、会社員。
「博士の生き方」(http://hakasenoikikata.com)管理人。
国立教育政策研究所「理系高学歴者のキャリア形成に関する実証的研究」研究分担者（2007）。

あとがき

ディスカヴァーの干場弓子社長から、twitter経由で執筆のお誘いをいただいたのが、2009年10月。「科学っておもしろい！ 技術ってスゴイ！ 理系ってステキ！」がキャッチフレーズのDIS+COVERサイエンスシリーズで、決してバラ色ではない、いわば科学の負の側面を取り上げる干場社長の見識の深さに感銘を受けた。

その直後に行政刷新会議の事業仕分けがあり、科学界は激震に見舞われた。以降、政府の会をはじめ、様々な場で発言する機会を得て、多くの人たちと議論する中で、私も少しずつ考えが変わっていった。博士の能力を社会に生かすにはどうすればよいか、今まで以上に考えるようになったのだ。そういう意味で、出版まで1年かかったのは、ある種必然だったのかもしれない。

また、言い訳がましいが、医師不足に直撃され、思うように執筆の時間が取れなかった。人材不足の職場で、人材過剰の問題を考える矛盾……しかし、それは同じ問題の裏表だと思っている。人材を使いこなせない社会という問題……

遅々として進まない筆にお付き合いいただいた、前担当の篠田剛さん、現担当の藤田浩芳さんはじめ、ディスカヴァー・トゥエンティワンの皆さんに感謝したい。

また、快くインタビューに応じてくださった橋本昌隆さん、Ｖｉｋｉｎｇｊｐｎさん、小林信一さん、奥井隆雄さんに心より御礼申し上げたい。この４名の方々のおかげで、独りよがりにならない、多様な視点を盛り込むことができたと思う。

本書は人文・社会科学系についてはあまり言及しなかった。人文・社会科学系には、非常勤講師問題など、深刻な問題がある。理学部の学部生時代に「特殊な現象を極めることで、普遍的な原理が見えてくる」と教わったが、理工系の問題を掘り下げるなかで、分野を問わない共通の問題を示すことができたのではないかと思っている。ご理解いただけたら幸いだ。

人文・社会科学の問題も含め、紙面の関係で取り上げられなかった問題が多々ある。機会があればこれらの問題について論じることができたらと思う。

本書を、１９９５年12月、32歳の若さで、まだ見ぬお子さんを遺して過労死された、中国出身のポスドク、故苗登明さんとご遺族にささげたい。

榎木英介

Discover Science 005

博士漂流時代

「余った博士」はどうなるか?

発行日　2010年11月15日　第1刷

Author　榎木英介

Book Designer　石間　淳
Illustrator　宍戸竜二

Publication　株式会社ディスカヴァー・トゥエンティワン
〒102-0074　東京都千代田区九段南2-1-30
TEL　03-3237-8321（代表）
FAX　03-3237-8323
http://www.d21.co.jp

Publisher　干場弓子
Editor　藤田浩芳

Promotion Group
Staff　小田孝文　中澤泰宏　片平美恵子　井筒浩　千葉潤子　飯田智樹　佐藤昌幸
鈴木隆弘　山中麻吏　西川なつか　吉井千晴　山本祥子　猪狩七恵
山口菜摘美　古矢薫　日下部由佳　鈴木万里絵　伊藤利文　米山健一
天野俊吉　武山絢香　徳瑠里香　原大士

Assistant Staff　俵敬子　町田加奈子　丸山香織　小林里美　井澤徳子　古後利佳　藤井多穂子
片瀬真由美　藤井かおり　福岡理恵　葛目美枝子

Operation Group
Staff　吉澤道子　小嶋正美　小関勝則　松永智彦
Assistant Staff　竹内恵子　熊谷芳美　清水有基栄　小松里絵　川井栄子　伊藤由美

Creative Group
Staff　千葉正幸　原典宏　林秀樹　三谷祐一　石橋和佳　大山聡子　田中亜紀
谷口奈緒美　大竹朝子　酒泉ふみ

Proofreader　株式会社インターブックス（校正）

DTP　株式会社インターブックス

Printing　共同印刷株式会社

ISBN 978-4-88759-860-7